职业教育财经类专业教学用书

基础会计技能实训手册
（第3版）

丛书主编　何德显

主　　编　潘玉艳　李邕屏　左文敏

副 主 编　廖春燕　黄月荣　黄宏伟　谢碧宇

参　　编　陆莹颖　黄池芳　卢澄林　韦莉莉
　　　　　杨美秋　潘浩滨　张秋霞　黄志艳
　　　　　路钧琳　邓　晨　何小妹　莫孔军
　　　　　黄冬英　岑　珊　陆龙燕　梁　铧

電子工業出版社
Publishing House of Electronics Industry
北京 • BEIJING

内容简介

本书是《基础会计（第3版）》的配套教学用书。本书按照主教材的内容同步设置习题，供学生对学习内容进行自我检测和专业技能操作训练，也是对学生成绩考评的依据之一，以进一步巩固和提高学生专业理论知识和专业操作技能。

本书适合用于职业院校会计专业及其他商贸类专业辅助用书，也可作为各类会计培训和广大会计从业人员的自学用书。

本书配有参考答案，以便教师备课和自学者参考，请登录华信教育资源网（www.hxedu.com.cn）免费下载。

图书在版编目（CIP）数据

基础会计技能实训手册 / 潘玉艳，李邕屏，左文敏主编. —3版. —北京：电子工业出版社，2019.8
ISBN 978-7-121-37112-7

Ⅰ. ①基… Ⅱ. ①潘… ②李… ③左… Ⅲ. ①会计学－中等专业学校－教学参考资料 Ⅳ. ①F230

中国版本图书馆CIP数据核字（2019）第150058号

责任编辑：陈　虹
印　　刷：北京虎彩文化传播有限公司
装　　订：北京虎彩文化传播有限公司
出版发行：电子工业出版社
　　　　　北京市海淀区万寿路173信箱　　邮编：100036
开　　本：787×1092　1/16　印张：10　字数：256千字
版　　次：2013年8月第1版
　　　　　2019年8月第3版
印　　次：2024年7月第9次印刷
定　　价：30.00元

凡所购买电子工业出版社图书有缺损问题，请向购买书店调换。若书店售缺，请与本社发行部联系，联系及邮购电话：（010）88254888，88258888。

质量投诉请发邮件至zlts@phei.com.cn，盗版侵权举报请发邮件至dbqq@phei.com.cn。

本书咨询联系方式：chitty@phei.com.cn。

前　言

为配合职业院校学生学习“基础会计”这门课程，我们组织编写了本书，与电子工业出版社出版的由潘玉艳等主编的《基础会计（第 3 版）》一书配套使用。

本书在编写过程中注意知识的系统性和实用性，章节划分与主教材同步，题型丰富，包括单项选择题、多项选择题、填空题、识图填空、业务核算题、实训操作、综合业务处理，便于学生练习时使用。本书凭证均为示例，或与实际有出入，仅供参考。

本书可作为中等职业学校会计专业及其他商贸类专业的辅助用书，也可作为各种形式的会计培训和广大会计从业人员的自学用书。

本书由潘玉艳、李邕屏、左文敏担任主编，由廖春燕、黄月荣、黄宏伟、谢碧宇担任副主编，由何德显总纂。参加本书编写的人员还有：陆莹颖、黄池芳、卢澄林、韦莉莉、杨美秋、潘浩滨、张秋霞、黄志艳、路钧琳、邓晨、何小妹、莫孔军、黄冬英、岑珊、陆龙燕、梁铧。

本书在编写过程中，还得到了许多专业教师、职教专家、企业行业专家的指导和帮助，在此无法一一列出，谨向他们表示诚挚的谢意。

为了方便教师教学，本书还配有习题答案（电子版），请有此需要的教师登录华信教育资源网（www.hxedu.com.cn）注册后下载。

由于编写人员水平有限，疏漏与不妥之处在所难免，敬请读者批评指正。

编　者

目　录

项目一

了解企业和会计

【项目目标】

1. 了解企业创立的基本条件。
2. 了解企业经济活动的基本内容。
3. 了解会计的基本职能、会计对象及资金运动过程。
4. 了解会计管理机构及其职能。
5. 了解会计专业技术资格的名称及其取得的方法。

一、填空题

1. 企业的创立需要具备法律规定的相关条件，如需要有符合条件的__________、__________和必备的__________等。

2. 制造企业的经营活动是围绕着_________、_________、_________三个主要环节进行的。_______环节是企业为满足生产经营而进行各种材料物资采购的过程；_______环节是企业对原材料进行加工生产既定产品的过程；________环节是企业向客户进行销售产品的过程。

3. 会计的职能是指会计在经济管理过程中所具有的功能，会计的基本职能包括进行____________和实施____________两个方面。

4. 会计对象是特定主体能够以货币表现的经济活动，包括__________、__________和__________的全过程。

5. 会计行业自律管理组织有____________________和____________________。

6. 会计人员的职责主要包括：进行__________，及时提供真实可靠的、能满足有关各方需要的完整会计信息；实施__________，制止违反财务制度行为的发生；在国家统一的会计制度框架下，拟定本企业__________及相关的__________。

7. 会计专业职务分为__________、__________、__________和__________。

8. 初级会计专业技术资格的取得实行全国统一考试制度，具体考试科目是__________和__________。

二、单项选择题

1. 以下单位属于企业的是（　　）。

A. 教育局　　B. 书店　　C. 医院　　D. 共青团

2. 会计专业技术资格中，助理会计师属于（　　）。

A. 初级资格　　B. 中级资格　　C. 高级资格　　D. 中高级资格

三、多项选择题

1. 会计的特点主要体现在会计核算阶段，会计核算的基本特点包括（　　）。

A. 以货币为主要计量单位

B. 以真实、合法的会计凭证为依据

C. 会计核算和监督具有连续性、系统性、全面性和综合性

D. 会计具有一整套科学、完整的方法体系

2. 按会计主体的单位性质划分，会计可分为（　　）。

A. 工业会计　　B. 企业会计　　C. 政府会计　　D. 事业单位会计

3. 会计专业技术资格分为（　　）三个级别。

A. 会计员　　B. 初级资格　　C. 中级资格　　D. 高级资格

4. 按行业划分，会计可分为（　　）等。

A. 工业企业会计

B. 商品流通企业会计

C. 政府会计

D. 事业单位会计

5. 中级会计专业技术资格的取得实行全国统一考试制度，具体考试科目为（　　）。

A. 中级会计实务　　B. 审计　　C. 财务管理　　D. 经济法

项目二

认识会计要素及会计核算方法

【项目目标】

1. 了解会计六要素的内容和基本分类方法。

2. 掌握会计要素的相互关系和经济业务对会计等式的影响。

3. 理解会计核算的基本方法和基本流程。

一、填空题

1. 经济业务就是会计核算和监督的____________和____________的具体事项，又称会计事项。

2. 我国《企业会计准则》将会计要素界定为六个，即____________、____________、____________、____________、____________和____________。

3. 资产按其流动性分为________________和________________两大类。

4. 负债按偿还期限的长短，可分为____________和____________。

5. 所有者权益按其性质分为__________、__________、__________和__________。

6. 企业的收入包括____________和____________；企业的费用包括____________和____________。

7. 期间费用包括____________、____________和____________。

8. 利润是指企业在一定会计期间内的经营成果，包括____________减____________后的净额、直接计入当期损益的____________和____________等。

9. 会计等式“资产 = 负债 + 所有者权益”反映了资产、负债和所有者权益三个会计要素之间的关系，揭示了企业在某一________________________的财务状况，是编制________________________的理论基础。

10. 会计等式“收入 - 费用 = 利润”反映了企业一定期间内收入、费用和利润三要素之间的关系，揭示了企业在某一________________________的生产经营成果，是编制________________________的理论依据。

11. 记账凭证核算程序是指直接根据____________逐笔登记总分类账的会计核算程序。

12. 记账凭证汇总表核算程序又称________核算程序，它是根据记账凭证定期编制________，然后根据________登记总分类账的一种会计核算程序。

二、单项选择题

1. 下列项目不属于资产的是（　　）。

A. 房屋　　B. 原材料　　C. 应收未收的货款　　D. 预收的货款

2. 下列项目不属于流动资产的是（　　）。

A. 机器设备　　B. 原材料　　C. 库存现金　　D. 银行存款

3. 下列项目属于非流动资产的是（　　）。

A. 应收未收的货款　　B. 预收的货款　　C. 厂房　　D. 应交未交的税费

4. 下列项目属于收入的是（　　）。

A. 出售厂房取得的收入　　B. 转让设备取得的收入

C. 代收增值税　　D. 转让原材料取得的收入

5. 用银行存款归还银行借款。该项经济业务将引起（　　）。

A. 资产增加，权益增加　　B. 资产减少，权益减少

C. 一项资产增加，另一项资产减少　　D. 一项权益增加，另一项权益减少

6. 用银行存款购买材料。该项经济业务将引起（　　）。

A. 资产增加，权益增加　　B. 资产减少，权益减少

C. 一项资产增加，另一项资产减少　　D. 一项权益增加，另一项权益减少

7. 购买材料，货款未付。该项经济业务将引起（　　）。

A. 资产增加，权益增加　　B. 资产减少，权益减少

C. 一项资产增加，另一项资产减少　　D. 一项权益增加，另一项权益减少

8. 按协议，将原先拖欠某单位的货款转为投入资本。该项经济业务将引起（　　）。

A. 资产增加，权益增加　　B. 资产减少，权益减少

C. 一项资产增加，另一项资产减少　　D. 一项权益增加，另一项权益减少

三、多项选择题

1. 下列项目属于资产的是（　　）。

A. 应付未付的材料款　　B. 预付的材料款

C. 应收未收的货款　　D. 预收的货款

2. 下列项目属于流动资产的是（　　）。

A. 库存现金　　B. 银行存款　　C. 原材料　　D. 预付的材料款

3. 下列项目属于负债的是（　　）。

A. 长期借款　　B. 应付职工薪酬

C. 应收未收的货款　　D. 预收的货款

4. 下列项目属于流动负债的是（　　）。

A. 长期借款　　B. 应付职工薪酬

C. 应收未收的货款　　D. 预收的货款

5. 下列项目属于收入的是（　　）。

A. 出售产品取得的收入　　B. 出售厂房取得的收入

C. 出售材料取得的收入　　D. 出租厂房取得的收入

6. 下列项目属于费用的是（　　）。

A. 罚款支出　　B. 捐赠支出　　C. 广告费支出　　D. 差旅费支出

四、实训操作

实训一

【实训目的】了解资产、负债和所有者权益的概念它们之间的关系。

【资　　料】某企业 2019 年 6 月末有关资料如表 2-1 所示。

【要　　求】

（1）分析判断表中各项目所属的类别，并将其金额填入表中相应的类别。

（2）分别计算各类别的合计数。

（3）根据各类合计金额和会计等式，列式表示资产、负债、所有者权益三者之间的关系。

表2-1　某企业2019年6月30日资产、负债、所有者权益结存情况

序号	项目内容	所属类别及金额		
		资产（元）	负债（元）	所有者权益（元）
1	出纳处存放的现金1 000元			
2	欠其他单位的材料款120 000元			
3	欠银行的贷款900 000元			
4	在银行的存款200 000元			
5	仓库存放的材料600 000元			
6	办公楼及车间1 600 000元			
7	其他单位欠的货款290 000元			
8	机器设备3 200 000元			
9	仓库存放的产品800 000元			
10	投资者投入的资本5 000 000元			
11	未分配的利润490 000元			
12	预付其他单位的材料款150 000元			
13	未缴纳的税金60 000元			
14	未缴纳的保险费30 000元			

续表

序　号	项目内容	所属类别及金额		
		资产（元）	负债（元）	所有者权益（元）
15	职工预借差旅费9 000元			
16	预收其他单位的货款250 000元			
	合　计			

会计等式：________________

实训二

【实训目的】了解收入、费用和利润的概念及它们之间的数量关系。

【资　　料】某企业 2019 年 6 月有关资料如表 2-2 所示。

【要　　求】

（1）分析判断表中各项目所属的类别，并将其金额填入表中相应的类别。

（2）分别计算收入、费用的合计数，并计算本月的利润额（“合计”栏）。

（3）根据各类合计金额和会计等式，列式表示收入、费用和利润三者之间的数量关系。

表2-2　某企业2019年6月收入、费用情况

序号	项目内容	所属类别及金额		
		收入（元）	费用（元）	利润（元）
1	销售甲商品收入240 000元，其进货成本190 000元			
2	支付房租费20 000元			
3	购买办公用品8 000元			
4	销售乙商品收入340 000元，其进货成本280 000元			
5	支付职工工资90 000元			
6	销售丙商品收入500 000元，其进货成本420 000元			
7	支付水电费16 000元			
8	收到某单位租金60 000元			
9	支付运杂费13 000元			
10	支付职工差旅费10 000元			
11	支付银行利息36 000元			
12	支付广告费5 000元			
	合　计			

会计等式：________________

实训三

【实训目的】认识会计等式的恒等关系。

【资　　料】某企业 2019 年 6 月有关项目期初余额如表 2-3 所示。

该企业 2019 年 6 月发生的经济业务如下：

（1）购进材料 100 000 元，货款未付。

（2）借入短期借款 200 000 元，存入银行。

（3）以现金支付职工预借差旅费 1 000 元。

（4）以银行存款缴纳税金 60 000 元。

（5）接受某公司投资投入固定资产 300 000 元。

【要　　求】

（1）分析判断以上经济业务所引起的各项目的增加或减少，并将其金额填入表中相应的项目。

（2）分别计算各项目的月末余额和各类月末余额合计。

表2-3　某企业2019年6月有关项目余额变化情况表

金额单位：元

项目		月初余额	增加	减少	月末余额
资产	库存现金	1 200			
	银行存款	200 000			
	应收账款	760 000			
	原材料	1 638 800			
	库存商品	400 000			
	固定资产	2 600 000			
资产合计		5 600 000			
负债	短期借款	1 200 000			
	应付账款	300 000			
	应交税费	60 000			
	负债小计	1 560 000			
所有者权益	实收资本	3 000 000			
	资本公积	660 000			
	盈余公积	380 000			
	所有者权益小计	4 040 000			
权益合计		5 600 000			

会计等式：____________________

实训四

【实训目的】认识经济业务对会计等式的影响。

【资　　料】

1. 南华市高新电子有限公司 2019 年 8 月各项目期初余额（即 8 月 1 日的资产、负债和所有者权益）如表 2-4 所示。

表2-4　南华市高新电子有限公司2019年8月各项目期初余额表

金额单位：元

资产名称	金额	权益名称	金额
库存现金	10 000	短期借款	500 000
银行存款	580 000	应付账款	200 000
应收账款	310 000	负债小计	700 000
原材料	200 000	实收资本	2 000 000
库存商品	300 000	资本公积	300 000
固定资产	800 000	盈余公积	600 000
无形资产	1 600 000	未分配利润	200 000
		所有者权益小计	3 100 000
资产合计	3 800 000	权益合计	3 800 000

2. 2019 年 8 月发生的经济业务如表 2-5 所示。

表2-5　会计等式变化情况表

项目	经济业务发生后的变化结果			
	资产（万元）	负债（万元）	所有者权益（万元）	会计等式（万元）
期初余额	380	70	310	380＝70+310
某公司投资投入设备40万元				
以银行存款10万元偿还债务				
以银行存款购入材料30万元				
收到某单位预付货款20万元				
以银行存款10万元归还借款				

【要　　求】

分析判断以上经济业务所引起的各项目的增加或减少，并将变化后的各项目金额和会计等式填入表中相应的项目。

项目三

认识原始凭证

【项目目标】

1. 了解经济业务的含义。
2. 了解原始凭证及其种类。
3. 识读常见的原始凭证所反映的经济业务内容。
4. 会填制常见的原始凭证。

一、填空题

1. 会计凭证是记录__________、明确__________、按一定格式编制的据以__________的书面证明。

2. 会计凭证按其填制的程序和用途不同，分为__________和__________两大类。

3. 原始凭证按其取得的来源分类，可分为__________和__________两类。

4. 原始凭证是__________发生或完成时填制或取得的，用以记录__________发生和完成情况、明确__________的书面证明。

5. 购买实物的原始凭证，必须有__________证明；支付款项的原始凭证，必须有收款单位和收款人的__________证明。

6. 从外单位取得的原始凭证，必须盖有__________的公章；从个人取得的原始凭证，必须有__________的签名或者盖章。自制原始凭证必须有__________领导人或者其指定人员的签名或者盖章。对外开出的原始凭证，必须加盖__________公章。

二、单项选择题

1. 以下事项不属于经济业务的是（　　）。

A. 签订买卖合同　　B. 支付材料款　　C. 归还银行借款　　D. 赊销商品

2. 以下不属于自制原始凭证的是（　　）。

A. 产品入库单　　B. 领料单　　C. 购买材料的发票　　D. 工资单

3. 以下属于证明现金增加的原始凭证是（　　）。

A. 现金借据　　B. 现金收据　　C. 现金支出单　　D. 领款单

三、多项选择题

1. 以下事项属于必须填制或者取得原始凭证经济业务事项的是（　　）。

A. 款项和有价证券的收付　　B. 财物的收发、增减和使用

C. 债权债务的发生和结算　　D. 收入、支出、费用、成本的计算

2. 以下属于外来原始凭证的是（　　）。

A. 购买办公用品的发票　　B. 进账单回单

C. 材料入库单　　D. 购买材料开具的发票

3. 以下属于银行收付凭证的是（　　）。

A. 现金支票　　B. 收款收据　　C. 进账单　　D. 托收凭证

4. 以下属于证明货物增加的原始凭证是（　　）。

A. 发货单　　B. 入库单　　C. 收料单　　D. 领料单

5. 以下属于证明货物减少的原始凭证是（　　）。

A. 发货单　　B. 入库单　　C. 出库单　　D. 领料单

四、识图填空（根据图表填空）

1. 现金支票如图 3-1 所示。

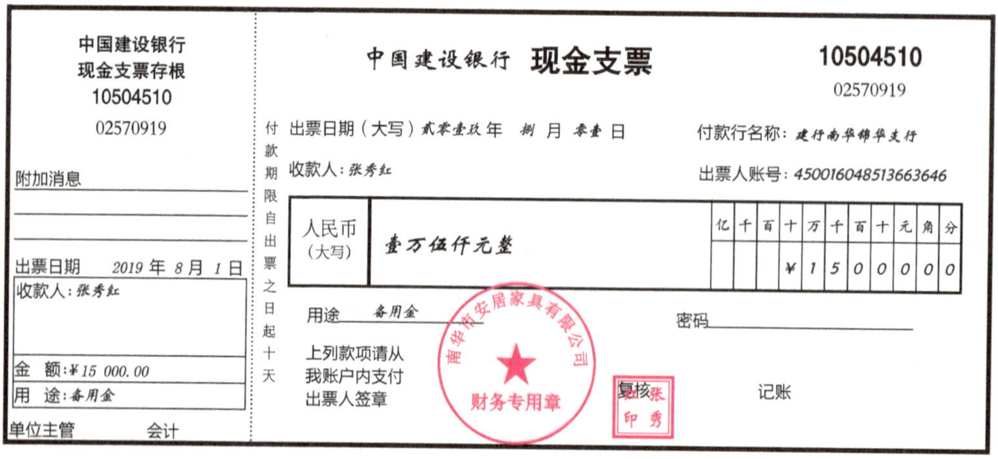

中国建设银行
现金支票存根
10504510
02570919
附加消息
出票日期 2019 年 8 月 1 日
收款人：张秀红
金　额：¥15 000.00
用　途：备用金
单位主管　　会计

中国建设银行 现金支票　　10504510　02570919
付款期限自出票之日起十天
出票日期（大写）贰零壹玖 年 捌 月 零壹 日　　付款行名称：建行南华锦华支行
收款人：张秀红　　出票人账号：450016048513663646

人民币（大写）	壹万伍仟元整	亿	千	百	十	万	千	百	十	元	角	分
					¥	1	5	0	0	0	0	0

用途　备用金　　密码
上列款项请从
我账户内支付
出票人签章　　南华市安居家具有限公司 财务专用章　　复核 张秀印　　记账

图3-1　现金支票

从图 3-1 可以看出，凭证名称是____________，出票日期是____________________，出票人开户银行是________________________，出票人账号是________________________，收款人是______________，款项用途是______________，金额是______________元。

2. 领料单如图 3-2 所示。

领　料　单

领料车间：缝制车间

用　途：0801女西服　　　　2019年8月9日　　　　第____号

类别	编号	名称	规格	计量单位	数量		单价	金额
					请领	实发		
辅助材料	20503	垫肩		对	1 000	1 000	2.50	2 500
辅助材料	20505	拉链	短	条	1 000	1 000	1.20	1 200
辅助材料	20507	布包纽扣	大	只	2 000	2 000	3.50	7 000
辅助材料	20508	布包纽扣	小	只	7 000	7 000	1.60	11 200
辅助材料	20513	缝纫线		只	250	250	4.50	1 125
合　计								23 025
备　注								

第二联：会计联

领料核准：易丽娟　　　领料人：黄伟强　　　发料核准：　　　发料人：党建国

图3-2　领料单

从图3-2可以看出，凭证名称是______________，领料部门是________，领料的用途是___________，领料的时间是___________，领用的材料类别是__________，其中领用拉链_______条、金额是_________元，领用缝纫线________只、金额是_________元，领用材料的合计金额是_________元，领料人是__________，发料人是__________。

3. 限额领料单如图3-3所示。

限额领料单

领料部门：裁剪车间　　　　　　　　　　材料类别：原料及主要材料

用　　途：0801女西服　　　2019年8月　　　发料仓库：材料仓库

材料编号	材料名称	计量单位	计划投产量	单位消耗定额	领用限额	实发											
						数量	单价	金额									
								千	百	十	万	千	百	十	元	角	分
10202	纯毛面料	米	1 000	2.60	2 600	2 550	42.00			1	0	7	1	0	0	0	0

日期	领用登记			退料登记			限额结余数量
	数量	领料人	发料人	数量	退料人	收料人	
8月1日	1 000	黄伟强	党建国				1 600
8月7日	1 000	黄伟强	党建国				600
8月16日	600	黄伟强	党建国				0
8月26日				50	黄伟强	党建国	
合　计	2 600.00			50			

第二联：会计联

计划部门：李莉　　　　生产部门：梁永　　　　仓库：应建辉

图3-3　限额领料单

从图 3-3 可以看出，凭证名称是 ______________，领料部门是 _________，领用的材料类别是 ____________，领用的材料名称是 ___________，领用材料的用途是 __________，领料的限额是 __________ 米，其中，8 月 7 日领用 ________ 米、剩余限额是 _______ 米；共领用材料 _______ 米、退料 _______ 米；实际耗用材料 _______ 米、单价是 ______ 元、金额是 _______ 元。

4. 发料汇总表如表 3-1 所示。

表3–1 发料汇总表

编制日期：2019年8月31日　　　　金额单位：元

材料名称	计量单位	单价	领用部门/产品							
			男西服		女西服		男夹克		合计	
			数量	金额	数量	金额	数量	金额	数量	金额
纯毛面料	米	42			2 550	107 100.00			2 550	107 100.00
粗纺棉料	米	32					5 066	162 112.00	5 066	162 112.00
里布	米	8			1 540	12 320.00	4 760	38 080.00	6 300	50 400.00
辅助材料	元			50 763.00		18 425.00		25 050.00		94 238.00
合计				50 763.00		137 845.00		225 242.00		413 850.00

从表 3-1 可以看出：

（1）本月生产领用材料共计 __________ 元。其中，用于生产男西服 __________ 元，用于生产女西服 __________ 元，用于生产男夹克 __________ 元。

（2）本月生产领用纯毛面料 ___________ 元、粗纺棉料 __________ 元、里布 __________ 元、辅助材料 __________ 元，合计金额 ___________ 元。

（3）本月生产领用里布 __________ 米、金额 ___________ 元。其中，用于生产男西服 __________ 米、金额 __________ 元，用于生产女西服 __________ 米、金额 ___________ 元，用于生产男夹克 __________ 米、金额 _________ 元。

（4）本月女西服生产领用材料共计 ___________ 元。其中，纯毛面料 __________ 米、___________ 元，粗纺棉料 __________ 米、__________ 元，里布 __________ 米、__________ 元，辅助材料 __________ 元。

5. 收款收据如图 3-4 所示。

收　款　收　据

2019 年 8 月 13 日　　　　NO:003186

此据不作发票及报销凭证使用

今收到 南华市新城家电有限公司　交来 捐赠款

金 额（大写）贰万元整　　现金收讫　　¥ 20 000.00

单位盖章：西林县新星希望小学 财务专用章　　收款人：韦秀清

第二联：财务记账

主管：黎剑华　会计：　复核：白晓艳　制单：韦秀清

图3-4　收款收据

从图3-4可以看出，凭证名称是____________，交款人（单位）是____________________，收款单位是____________________，付款方式是___________________，收款人是______________，金额是____________元，凭证联次是_____________，该联用途是_________。

6. 借款单如图 3-5 所示。

借　　款　　单

2019 年 8 月 6 日

借款用途	出差桂林		
借款金额（大写）	壹仟伍佰元整　　¥ 1500.00		
借款申请人	易佳琳	部门负责人	阳小平
备　注	现金付讫	收款人（签名）	易佳琳

总经理：邢志斌　　财务负责人：杨晓莉　　出纳：姚丽琮

图3-5　借款单

从图3-5可以看出，凭证名称是____________，借款申请人是_______________，借款用途是___________________，付款方式是___________，借款金额是_____________________元。

7. 银行进账单如图 3-6 所示。

中国建设银行　进账单　（回　单）　1

2019年　8　月　11　日

出票人	全　称	南华市安居家具有限公司	收款人	全　称	南华快达物流公司
	账　号	450016048513663646		账　号	450016048513636231
	开户银行	建行南华锦华支行		开户银行	工行南华江北支行
金额	人民币（大写）	叁仟元整		亿千百十万千百十元角分	¥300000
票据种类		转账支票	票据张数	1	
票据号码		32532712			
复核　记账			付款人开户银行签章		

开户银行交给持（出）票人的回单

中国建设银行股份有限公司 南华市锦华支行 2019.08.11 办讫章 (6)

图3-6　银行进账单

从图3-6可以看出，凭证名称是__________________，付款人（单位）是________________________，收款人（单位）是__________________________，金额是__________元，票据种类是________________________，票据号码是______________________________，凭证联次是_____________。

8. 材料入库单如图 3-7 所示。

材　料　入　库　单

供货单位：武汉市林江物资有限公司　　2019 年 8 月 16 日　　金额单位：元

品名	型号规格	产地	计量单位	单价	应收数			实收数			盈亏数（+、-）		
					件数	数量	金额	件数	数量	金额	件数	数量	金额
钢管	2.5cm×30cm	武汉	吨	4 500.00		20	90 000.00		19.98	89 910.00		-0.02	-90.00
合　计							90 000.00			89 910.00		-0.02	-90.00
备　注													

第三联：财务记账

南华市安居家具有限公司 业务专用章

南华市安居家具有限公司 财务结算章 2019.08.16

复核：　　会计：凌丽娜　　验收：黄刚　　制单：黎汉强

图3-7　材料入库单

从图3-7可以看出，凭证名称是______________，材料名称是______________，应该收到的数量是______吨，实际收到的数量是______吨，应该收到的金额是__________元，实际收到的金额是___________元；供货单位是____________________，收货单位是________________________，制单人是____________，验收人是__________；凭证联次是__________，该联的用途是__________。

9. 产品出库单如图 3-8 所示。

产 品 出 库 单　　№ 0032436

购货单位：南华市凯悦家电贸易公司　　开单日期：2019年8月13日

产品名称	型号规格	计量单位	计划数	实发数	单价	金额	单位成本	总成本
电冰箱	BCD-251WBSV	台	20	20	2 250.00	45 000.00		
合计						45 000.00		
合计（大写）	肆万伍仟元整							

第三联：财务记账

南华市新城家电有限公司 业务专用章

南华市新城家电有限公司 财务结算章 2019.08.13

会计：姜剑星　保管：杨华　提货：华晓艳　制单：单莉莉

图3-8　产品出库单

从图3-8可以看出，凭证名称是____________，产品名称是__________，实际发货的数量是__________台，销售单价是__________元，货款金额是__________元；购货单位是________________________，销售单位是________________________，制单人是__________，发货人是____________；凭证联次是____________________，该联的用途是__________。

10. 增值税专用发票如图 3-9 所示。

南华市增值税专用发票

记 账 联

4500047110　　NO：6234327

开票日期2019年8月13日

购货单位	名　　称：南华市凯悦家电贸易公司 纳税人识别号：4501223165605263 地 址、电 话：南华市民族大道213号0771－53248664 开户行及账号：建行南华民族支行 450016048513323486			密码区	03**263>>0821927-8303 -5215895---669*>7873/ 37315/6*2-+505/32+78 +48-4*1850164907>>>/		加密版本：01 4300062620 03948082
货物或应税劳务名称	规格型号	单位	数量	单价	金额	税率	税额
电冰箱	BCD-251WBSV	台	20	1 967.26	39 345.13	13%	5 114.87
合　　计					¥ 39 345.13		¥5 114.87
价税合计（大写）	⊗肆万肆仟肆佰陆拾元整					小写：¥ 44 460.00	
销货单位	名　　称：南华市新城家电有限公司 纳税人识别号：68168899076352 地 址、电 话：南华市新华路376号0771－36188632 开户行及账号：建行南华新华支行 450016048513226357			备注	转账		

第四联：销货方记账凭证

南华市新城家电有限公司 4501223165605263 发票专用章

全国统一发票监制章 南华市 国家税务总局监制

南华市新城家电有限公司 财务结算章 2019.08.16

收款人：　复核：单强　开票人：颜小松　销货单位：（章）

图3-9　增值税专用发票

从图3-9可以看出，凭证名称是__________，发票号码是________________，产品名称是__________，产品数量是__________台，单价是__________元，金额是________元；税额是__________元，价税合计__________元；购货单位是____________________________，销售单位是__________，开票人是__________，复核人是__________；凭证联次是____________________________，该联的用途是__________。

11. 经济业务凭证组，如图 3-10 ～图 3-14 所示。

南华市增值税专用发票

4500042140　　　　发票联　　　　NO：2144126

全国统一发票监制章 南华市 国家税务总局监制

开票日期2019年8月16日

购货单位	名　　称：南华市安居家具有限公司 纳税人识别号：4501223165603662 地 址、电 话：南华市锦华大道632号0771－39888366 开户行及账号：建行南华锦华支行 450016048513663646				密码区	03**263>>0821927-8303 -5215895---669*>7873/ 37315/6*2-+505/32+78 +48-4*1850164907>>>/		加密版本：01 4300062620 03948082
货物或应税劳务名称	规格型号	单位	数量	单价	金额		税率	税额
钢管	2.2 × 28mm	吨	10	3 106.194 69	31 061.95		13%	4 038.05
合　　计					¥　31 061.95			¥　4 038.05
价税合计（大写）	人民币叁万伍仟壹佰元整						（小写）¥35 100.00	
销货单位	名　　称：南华市粤桂贸易有限公司 纳税人识别号：4501223165662331 地 址、电 话：南华市桂海路486号0771-63541462 开户行及账号：建行南华桂海支行 45011604851324632				备注	转账		

南华市粤桂贸易有限公司 4501223165662331 发票专用章

第二联：购货方记账凭证

收款人：　　　　复核：苏丽梅　　　　开票人：江晓　　　　销货单位：（章）

图3-10　增值税专用发票

南华市增值税专用发票

4500042140　　　　抵扣联　　　　NO：2144126

全国统一发票监制章 南华市 国家税务总局监制

开票日期2019年8月16日

购货单位	名　　称：南华市安居家具有限公司 纳税人识别号：4501223165603662 地 址、电 话：南华市锦华大道632号0771－39888366 开户行及账号：建行南华锦华支行 450016048513663646				密码区	03**263>>0821927-8303 -5215895---669*>7873/ 37315/6*2-+505/32+78 +48-4*1850164907>>>/		加密版本：01 4300062620 03948082
货物或应税劳务名称	规格型号	单位	数量	单价	金额		税率	税额
钢管	2.2 × 28mm	吨	10	3 106.194 69	31 061.95		13%	4 038.05
合　　计					¥　31 061.95			¥　4 038.05
价税合计（大写）	人民币叁万伍仟壹佰元整						（小写）¥35 100.00	
销货单位	名　　称：南华市粤桂贸易有限公司 纳税人识别号：4501223165662331 地 址、电 话：南华市桂海路486号0771-63541462 开户行及账号：建行南华桂海支行 45011604851324632				备注	转账		

南华市粤桂贸易有限公司 4501223165662331 发票专用章

第三联：购货方抵扣凭证

收款人：　　　　复核：苏丽梅　　　　开票人：江晓　　　　销货单位：（章）

图3-11　增值税专用发票

材　料　入　库　单

供货单位：南华市粤桂贸易有限公司　　2019 年 8 月 17 日　　金额单位：元

品名	型号规格	产地	计量单位	单价	应收数			实收数			盈亏数（+、-）		
					件数	数量	金额	件数	数量	金额	件数	数量	金额
钢管	2.2×28mm	武汉	吨	3 106.19	5	10	31 061.95	5	10	31 061.95			
合　计							31 061.95			31 061.95			
备　注													

第三联：财务记账

南华市安居家具有限公司 业务专用章

南华市安居家具有限公司 财务结算章 2019.08.17

复核：　　会计：凌丽娜　　验收：黄刚　　制单：黎汉强

图3-12　材料入库单

中国建设银行
转账支票存根
10504520
42502163

附加信息

出票日期：2019 年 8 月 14 日

收款人：南华市粤桂贸易有限公司

金　额：¥35 100.00

用　途：购买钢管

单位主管　　会计

图3-13　转账支票存根

中国建设银行　**进账单**　（回　单）　1

2019年 8 月 14 日

出票人	全　称	南华市安居家具有限公司	收款人 全　称	南华市粤桂贸易有限公司
	账　号	450016048513663646	账　号	45011604851324632
	开户银行	建行南华锦华支行	开户银行	建行南华桂海支行
金额	人民币（大写）	叁万伍仟壹佰元整	亿千百十万千百十元角分	¥3510000
票据种类	转账支票	票据张数	1	
票据号码	42502163			
复核　记账			付款人开户银行签章	

中国建设银行股份有限公司 南华市锦华支行 2019.08.16 讫章 (6)

开户银行交给持（出）票人的回单

图3-14　银行进账单（回单）

图3-10～图3-14的原始凭证表明，____________公司从________________公司购进钢管_________吨、单价_________元，价款金额__________元，税额_________元，价税合计_________元；开出转账支票日期是_________，银行转账日期是_________，转账金额是_________元，开具发票的日期是_________，钢管验收入库的日期是_________；实际收到钢管______吨、金额______元。

【小提示】

购进的相关数据应该依据购进取得的发票分析填列；实际收到的相关数据应该依据入库的相关凭证分析填列；付款情况应该根据付款的相关凭证分析填列。

12. 经济业务凭证组，如图3-15～图3-17所示。

南华市增值税专用发票

4500082140　　　　记账联　　　　NO：6234328

开票日期2019年8月16日

购货单位	名　　称：南华市粤华贸易有限公司 纳税人识别号：450122316565663685 地 址、电 话：南华市桂海路463号0771-63546323 开户行及账号：建行南华桂海支行 450116048513633624	密码区	03**263>>0821927-8303 -5215895---669*>7873/ 37315/6*2-+505/32+78 +48-4*1850164907>>>/
			加密版本：01 4300062620 03948082

货物或应税劳务名称	规格型号	单位	数量	单价	金额	税率	税额
课桌		张	800	113.893 8	91 115.04	13%	11 844.96
课椅		张	800	103.539 8	82 831.86	13%	10 768.14
合　　计					¥ 173 946.90		¥ 22 613.10
价税合计（大写）	⊗壹拾玖万陆仟伍佰陆拾元整					小写：¥ 196 560.00	

销货单位	名　　称：南华市安居家具有限公司 纳税人识别号：4501223165603662 地 址、电 话：南华市锦华大道632号0771－39888866 开户行及账号：建行南华锦华支行 450016048513663646	备注	转账

收款人：　　复核：凌丽娜　　开票人：幸魏国　　销货单位：（章）

第四联：销货方记账凭证

图3-15　增值税专用发票

产　品　出　库　单　　　　No. 0032437

购货单位：南华市粤华贸易有限公司　　　　开单日期：2019年8月16日

产品名称	型号规格	计量单位	计划数	实发数	单 价	金 额	单位成本	总成本
课桌		张	800	800	128.70	102 960.00	90.00	72 000.00
课椅		张	800	800	117.00	93 600.00	80.00	64 000.00
合计						196 560.00		136 000.00
合计（大写）	壹拾玖万陆仟伍佰陆拾元整							

会计：凌丽娜　　保管：刘杰　　提货：杨建怀　　制单：单建林

第三联：财务记账

图3-16　产品出库单

中国建设银行 **进账单** （收账通知）　3

2019年 8 月 16 日

出票人	全　称	南华市粤华贸易有限公司	收款人	全　称	南华市安居家具有限公司
	账　号	450116048513633624		账　号	450016048513663646
	开户银行	建行南华桂海支行		开户银行	建行南华锦华支行
金额	人民币（大写）	壹拾玖万陆仟伍佰陆拾元整		亿千百十万千百十元角分	¥19656000
票据种类		转账支票	票据张数	1	
票据号码		32532687			
		复核　记账			收款人开户银行签章

开户银行交给收款人的收账通知

（印章：中国建设银行股份有限公司南华市锦华支行 2019.08.16 办讫章 (6)）

图3-17　中国建设银行进账单（收账通知）

图3-15～图3-17的原始凭证表明，__________公司销售给__________公司课桌__________张、课椅__________张，价款金额合计__________元，税额合计__________元，__________价税合计__________元；实际发出课桌__________张、课椅__________张，货款合计__________元；课桌单位成本__________元，课椅单位成本__________元；合计总成本__________元；收到货款的日期是__________，金额为__________元。

【小提示】

销售的相关数据应该依据销售的发票分析填列；实际发出的相关数据应该依据产品出库的凭证分析填列；收款情况应该根据收款的相关凭证分析填列。

13. 经济业务凭证组，如图 3-18 ～图 3-21 所示。

山东省增值税专用发票

（印章：全国统一发票监制章 山东省 国家税务总局监制）　发票联

3700103170　　NO 2734656

开票日期2019年8月12日

购货单位	名　　称：南华市安居家具有限公司 纳税人识别号：450122316560366 2 地 址、电 话：南华市锦华大道632号0771－39888366 开户行及账号：建行南华锦华支行 450016048513663646			密码区	03**263>>0821927-8303 -5215895---669*>7873/ 37315/6*2-+505/32+78 +48-4*1850164907>>>/		加密版本：01 4300062620 03948082
货物或应税劳务名称	规格型号	单位	数量	单价	金额	税率	税额
精密推台锯	MJ3000　45	台	1	72 477.88	72 477.88	13%	9 422.12
合　　计					¥　72 477.88		¥　9 422.12
价税合计（大写）	⊗捌万壹仟玖佰元整					小写 ¥ 81 900.00	
销货单位	名　　称：青岛凯粤机械制造有限公司 纳税人识别号：6302223165611334 地 址、电 话：青岛市五一路269号　0532-4695427 开户行及账号：工行青岛市五一支行630216048513662469			备注			

第二联：购货方记账凭证

（印章：青岛凯粤机械制造有限公司 6302223165611334 发票专用章）

收款人：　　复核：闫永亮　　开票人：余晓平　　销货单位：（章）

图3-18　增值税专用发票

山东省增值税专用发票

3700103170　　　　抵扣联　　　　NO：2734656

开票日期2019年8月12日

购货单位	名　　称：南华市安居家具有限公司 纳税人识别号：450122316560366 2 地 址、电 话：南华市锦华大道632号0771—39888366 开户行及账号：建行南华锦华支行 450016048513663646			密码区	03**263>>0821927-8303 -5215895---669*>7873/ 37315/6*2-+505/32+78 +48-4*1850164907>>>/		加密版本：01 4300062620 03948082
货物或应税劳务名称	规格型号	单位	数量	单价	金额	税率	税额
精密推台锯	MJ3000 45°	台	1	72 477.88	72 477.88	13%	9 422.12
合　　计					¥ 72 477.88		¥ 9 422.12
价税合计（大写）	⊗捌万壹仟玖佰元整					小写：¥81 900.00	
销货单位	名　　称：青岛凯粤机械制造有限公司 纳税人识别号：630222316561133 4 地 址、电 话：青岛市五一路269号　0532-4695427 开户行及账号：工行青岛市五一支行630216048513662469			备注			

第三联：购货方抵扣凭证

收款人：　　　复核：闫永亮　　　开票人：余晓平　　　销货单位：（章）

图3-19　增值税专用发票

固定资产验收单

供货单位：青岛凯粤机械制造有限公司　　　2019年8月12日　　　第　　号

编号	名称	规格	计量单位	应收数量	实收数量	单价	金额 十	万	千	百	十	元	角	分	使用单位
	精密推台锯	MJ3000 45°	套	1	1	72 477.88		7	2	4	7	7	8	8	备料车间
合计金额（大写）		柒万贰仟肆佰柒拾柒元捌角捌分					¥	7	2	4	7	7	8	8	
备 注		已交付车间使用													

第二联：财务记账

会计：凌丽娜　　　保管：　　　验收：成小艳　　　制表：江涛

图3-20　固定资产验收单

中国建设银行　电汇凭证（回　单）　　1

□普通　□加急　　　委托日期　2019年8月12日

汇款人	全　称	南华市安居家具有限公司	收款人	全　称	青岛凯粤机械制造有限公司
	账　号	450016048513663646		账　号	630216048513662469
	汇出地点	省 南华 市/县		汇入地点	山东 省 青岛 市/县
汇出行名称		建行南华锦华支行	汇入行名称		工行青岛市五一支行
金额	人民币（大写）	捌万壹仟玖佰元整		亿 千 百 十 万 千 百 十 元 角 分	¥ 8 1 9 0 0 0 0
				支付密码	
				附加信息及用途：支付MJ3000　45°　精密推台锯	
		汇出行签章		复核	记账　兰昔朋

此联是汇出行给汇款人的回单

图3-21　中国建设银行电汇凭证（回单）

图3-18～图3-21的原始凭证表明，__________公司从__________公司购进精密推台锯，数量为__________套，价款金额为__________元，税额为__________元，价税合计__________元；实际收到__________套，价款金额为__________元；付款日期是__________，金额为__________元。

14. 经济业务凭证组，如图 3-22 ～图 3-24 所示（增值税专用发票抵扣联略）。

南华市增值税专用发票

4500042140　　　　**发票联**　　　　**NO: 0145216**

开票日期：2019年8月13日

购货单位	名　　称：南华市安居家具有限公司 纳税人识别号：450122316560366 2 地 址、电 话：南华市锦华大道632号0771-39888366 开户行及账号：建行南华锦华支行450016048513663646			密码区	09**263>>0821 927-8303 -5215895---669*>7873/ 37315/6*2-+505/32+78 +48-4*1550531 163>>>/		加密版本：01 4300062620 02848592
货物或应税劳务名称	规格型号	单位	数量	单价	金额	税率	税额
广告费		帽	1	7 547.16981	7 547.17	6%	452.83
合　计					¥ 7,547.17		¥ 452.83
价税合计（大写）	⊗ 捌仟元整					（小写）¥8,000.00	
销货单位	名　　称：南华日报社广告有限公司 纳税人识别号：450158720460142 2 地 址、电 话：南华市壮锦大道623号0771-38670143 开户行及账号：工行南华江北支行450016048513634362			备注			

收款人：　　复核：　　开票人：凌玲　　销货单位：（章）

第二联：购货方记账凭证

图3-22　增值税专用发票

中国建设银行
转账支票存根
10504520
32532635

附加信息

出票日期：2019 年 8 月13 日

收款人：南华日报社广告有限公司
金　额：¥8000.00
用　途：支付广告费

单位主管　　　　会计

图3-23　中国建设银行转账支票存根

中国建设银行 **进账单** （回 单） 1

2019年 8 月 13 日

出票人	全 称	南华市安居家具有限公司	收款人	全 称	南华日报社广告有限公司
	账 号	450016048513663646		账 号	450016048513634362
	开户银行	建行南华锦华支行		开户银行	工行南华江北支行
金额	人民币（大写）	捌仟元整		亿千百十万千百十元角分	¥800000
票据种类		转账支票	票据张数		
票据号码		32532635			
复核 记账			付款人开户银行签章		

中国建设银行股份有限公司 南华市锦华支行 2019.08.13 办讫章 (6)

开户银行交给持（出）票人的回单

图3-24 中国建设银行进账单（回单）

图3-22～图3-24的原始凭证表明，2019年8月13日，____________公司以银行存款支付给____________公司广告费金额________元，其中不含税金额________元，增值税税率为________，增值税税额________元，价税合计________元。

五、实训操作

【实训目的】填制原始凭证。

【资　　料】以下各经济业务及空白原始凭证。

【要　　求】根据经济业务填制原始凭证（时间均按当天的日期填写）。

1. 2019 年 8 月 9 日，南华市育才家具有限公司从银行提取现金 136 928.07 元备发工资；公司开户银行：建行南华锦华支行，账号 450016048513606843；收款人是出纳员阳剑华。请代出纳员填制现金支票（如图 3-25 所示）。

中国建设银行 现金支票存根 10504510 02570326	中国建设银行 **现金支票** 10504510 02570326	
附加消息	出票日期（大写） 年 月 日	付款行名称：
	收款人：	出票人账号：
出票日期 年 月 日	人民币（大写）	亿千百十万千百十元角分
收款人：	用途______	密码______
金 额：	上列款项请从 我账户内支付 出票人签章	复核 记账
用 途：		
单位主管 会计		

付款期限自出票之日起十天

图3-25 现金支票

2. 2019 年 8 月 18 日，南华市育才家具有限公司（开户行：建行南华锦华支行；账号：45001604851360 6843）从南华市金华贸易有限公司（开户行：建行南华青山支行；账号：45001604851361 3249）购进原材料一批，货款金额 135 409.80 元，请代南华市育才家具有限公司填制支付货款的转账支票及进账单（如图 3-26、图 3-27 所示）。

中国建设银行 转账支票存根 10504520 01317786	付款期限自出票之日起十天	中国建设银行 **转账支票**		10504520 01317786
附加消息		出票日期（大写） 年 月 日		付款行名称：
		收款人：		出票人账号：
		人民币（大写）		亿 千 百 十 万 千 百 十 元 角 分
出票日期 年 月 日		用途		密码
收款人：				符号
金 额：		上列款项请从 我账户内支付 出票人签章	复核	记账
用 途：				
单位主管 会计				

图3-26 转账支票

中国建设银行 **进账单** （回 单） 1

年 月 日

出票人	全 称		收款人	全 称		开户银行交给持（出）票人的回单
	账 号			账 号		
	开户银行			开户银行		
金额	人民币（大写）				亿 千 百 十 万 千 百 十 元 角 分	
票据种类		票据张数				
票据号码						
复核	记账		收款人开户银行签章			

图3-27 银行进账单

3. 出纳员王茜玲收到曹卫新交来的差旅费余款 300 元。请代替出纳员开具收款收据（如图 3-28 所示，注：日期按实训当天填写）。

收 款 收 据

年 月 日　　　　　　　　№ 003265

此据不作发票及报销凭证使用

今收到 ________ 交来 ________

____

____

金 额（大写）________________ ¥ ________

单位盖章：　　　　　　　　收款人：

第一联：存根

主管：　　会计：　　复核：　　制单：

图3-28 收款收据

4. 假如你因公到上海出差，需要预借差旅费 3 000 元，请填写借款单（如图 3-29 所示，注：日期按实训当天填写）。

借 款 单

年 月 日

借款用途			
借款金额（大写）	¥		
借款申请人		部门负责人	
备 注		收款人（签名）	

总经理：　　财务负责人：　　出纳：

图3-29 借款单

5. 桂林市粤华贸易有限公司（纳税人识别号：4503223165662254；地址：桂林市桂海路 653 号；电话：0773—6354665；开户行：建行桂林桂海支行；账号：450316048513676556）销售给南华市新欣家具有限公司（纳税人识别号：4501223165626361；地址：南华市五一路 866 号；电话：0771—72133652；开户行：建行南华五一支行；账号：450116048513668562）36mm×3mm 的钢管 10 吨，每吨单价 5 000 元，价款合计 50 000 元，增值税税率 13%，税额合计 6 500 元，价税合计 56 500 元（注：日期按实训当天填写）。

（1）请代桂林市粤华贸易有限公司填制产品出库单（如图 3-30 所示）。

（2）请代桂林市粤华贸易有限公司开票员开具增值税专用发票（如图 3-31 所示）。

（3）请代南华市新欣家具有限公司出纳员填制电汇凭证（如图 3-32 所示）。

（4）请代南华市新欣家具有限公司填制材料入库单（如图 3-33 所示）。

产　品　出　库　单　　　　№ 0063215

购货单位：　　　　　　　　　　　　　　　　开单日期　　年　月　日

产品名称	型号规格	计量单位	计划数	实发数	单　价	金　额	单位成本	总成本
合计								
合计（大写）								

第三联：财务记账

会计：　　　　保管：　　　　提货：　　　　制单：

图3-30　产品出库单

南华市增值税专用发票

4500042140　　　　南华市　存根联　　　　NO：2635418

开票日期　　年　月　日

购货单位	名　　称： 纳税人识别号： 地 址、电 话： 开户行及账号：		密码区	03**263>>0821927-8303 -5215895---669*>7873/ 37315/6*2-+505/32+78 +48-4*1850164907>>>/	加密版本：01 4300062620 03948082

货物或应税劳务名称	规格型号	单位	数量	单价	金额	税率	税额
合　　计							
价税合计（大写）						小写：¥	

销货单位	名　　称： 纳税人识别号： 地 址、电 话： 开户行及账号：		备注	

第一联：销货方留存

收款人：　　　　复核：　　　　开票人：　　　　销货单位：（章）

图3-31　增值税专用发票

中国建设银行　电汇凭证（回　单）　　　　1

☐普通　☐加急　　　　委托日期　　年　月　日

汇款人	全　称		收款人	全　称	
	账　号			账　号	
	汇出地点	省　　市/县		汇入地点	省　　市/县
汇出行名称			汇入行名称		
金额	人民币（大写）				亿 千 百 十 万 千 百 十 元 角 分
			支付密码		
			附加信息及用途：		
		汇出行签章	复核		记账　兰昔朋

此联是汇出行给汇款人的回单

图3-32　中国建设银行电汇凭证（回单）

材　料　入　库　单

供货单位：　　　　　　　　　　年　月　日　　　　　　　　　金额单位：元

品名	型号规格	产地	计量单位	单价	应收数			实收数			盈亏数（＋ －）		
					件数	数量	金额	件数	数量	金额	件数	数量	金额
合计													
备注													

第三联：财务记账

复核：　　　　　　会计：　　　　　　验收：　　　　　　制单：

图3-33　材料入库单

项目四

掌握借贷记账法

【项目目标】

1. 了解会计科目及其种类。
2. 理解总分类科目和明细分类科目的关系。
3. 理解在借贷记账法下，账户的基本结构。
4. 掌握复式记账的记账方法。
5. 能根据常见经济业务编制会计分录。
6. 掌握试算平衡的方法。

一、填空题

1. 企业会计科目按其反映的经济内容不同，分为________、________、________、________和________五大类。

2. 会计科目按提供信息的详细程度及其统驭关系，可以分为________和________。

3. 总分类科目和明细分类科目的关系是：总分类科目对其所属的明细分类科目具有________和________的作用，而明细分类科目是对其所归属的总分类科目的________和________。

4. 会计科目和账户的主要区别是：会计科目说明反映的________是什么，而账户反映该科目的________及________情况。

5. 复式记账法是以会计等式资产与权益平衡关系为记账基础，对于每一项经济业务，都要在________或________相互联系的账户中进行登记，全面反映每一项经济业务所引起的会计要素的________及其________的一种方法。

6. 借贷记账法是以________、________为记账符号，以________为理论依据，记录和反映资金变动情况和结果的一种复式记账方法。

7. 资产类账户的借方登记资产的________，贷方登记资产的________，余额在________。

8. 负债及所有者权益类账户的借方登记负债或所有者权益的________，贷方登记负债或所有者权益的__________，余额在__________。

9. 成本类账户的借方登记成本的__________，贷方登记成本的__________，期末若有余额，应该在__________。

10. 收入类账户的借方登记收入的__________和__________，贷方登记收入的__________，期末结转后无余额。

11. 费用类账户的借方登记费用的__________，贷方登记费用的__________和__________，期末结转后无余额。

二、单项选择题

1. 以下会计科目中，属于负债类的是（　　）。

A. 累计折旧　B. 预付账款　C. 预收账款　D. 资本公积

2. 以下会计科目中，不属于损益类的是（　　）。

A. 长期待摊费用　B. 营业税金及附加　C. 所得税费用　D. 营业外支出

3. 根据资产与权益的恒等关系及借贷记账法的记账规则，检查所有会计科目记录是否正确的方法为（　　）。

A. 借贷记账　B. 平行登记　C. 试算平衡　D. 对账

4. 发生额试算平衡法是根据（　　）确定的。

A. 借贷记账法的记账规则　B. 经济业务内容

C. 资产 = 负债 + 所有者权益　D. 经济业务类型

5. 借贷记账法下余额试算平衡的直接依据是（　　）。

A. 资金运动规律　B. 财务状况等式

C. 账户结构　D. 有借必有贷，借贷必相等

6. 在借贷记账法下，费用类会计科目（　　）。

A. 借方登记费用的增加额　B. 贷方登记费用的增加额

C. 期末余额在借方　D. 期末余额在贷方

7. 下列账户中，期末结转后无余额的账户有（　　）。

A. 实收资本　B. 应付账款　C. 固定资产　D. 管理费用

8. 负债类账户的本期减少数和期末余额分别反映在（　　）。

A. 借方　B. 贷方　C. 借方和贷方　D. 贷方和借方

9. 某公司“应收账款”账户的期初余额为 5 000 元，本期借方发生额为 4 000 元，本期贷方发生额为 7 000 元，该账户的期末余额为（　　）。

A. 借方 2 000 元　B. 贷方 2 000 元　C. 借方 5 000 元　D. 贷方 5 000 元

10. 对某项经济业务事项按照复式记账的要求，标明应借、应贷科目名称及其金额的记录称为（　　）。

A. 科目　B. 对应关系　C. 会计分录　D. 对应科目

三、多项选择题

1. 以下会计科目中，属于资产类的是（　　）。

A. 库存商品　　B. 预付账款　　C. 预收账款　　D. 实收资本

2. 以下会计科目中，属于损益类的是（　　）。

A. 其他业务收入　　B. 管理费用　　C. 财务费用　　D. 营业外收入

3. 账户记录中，期初余额、本期增加额、本期减少额、期末余额四项指标之间的关系式恒等的有（　　）。

A. 期末余额 = 期初余额 + 本期增加额 − 本期减少额

B. 本期增加额 = 期末余额 + 本期减少额 − 期初余额

C. 期初余额 + 本期增加额 = 期末余额 + 本期减少额

D. 本期减少额 = 期初余额 + 本期增加额 − 期末余额

4. 借贷记账法下的试算平衡包括（　　）。

A. 增加额试算平衡　　B. 减少额试算平衡

C. 发生额试算平衡　　D. 余额试算平衡

5. 经济业务发生后，可以编制的会计分录有（　　）。

A. 多借多贷　　B. 一借多贷　　C. 多借一贷　　D. 一借一贷

6. 对于大多数资产、成本类账户而言（　　）。

A. 增加记借方　　B. 增加记贷方　　C. 减少记贷方　　D. 期末无余额

7. 下列关于借贷记账法的表述中，正确的有（　　）。

A. “借”“贷”只作为记账符号使用，用于表明记账方向

B. 借方登记增加，贷方登记减少

C. 借贷记账法以“借”“贷”为记账符号，分别作为账户的左方和右方

D. 将发生的经济交易与事项所引起会计要素的增减变动，以相等的金额同时在相互关联的两个或两个以上的会计科目中进行相互联系、相互制约的记录

8. 会计分录的基本要素包括（　　）。

A. 记账符号　　B. 记账时间　　C. 记账金额　　D. 科目名称

9. 下列属于二级科目的有（　　）。

A. 应交税费——应交所得税　　B. 应交税费——应交增值税

C. 应交税费——应交增值税（进项税额）　　D. 应交税费——应交增值税（销项税额）

10. 下列属于会计科目分类方法的有（　　）。

A. 按其提供信息的详细程度及统驭关系分类　　B. 按其核算性质不同进行分类

C. 按其企业会计核算制度需要分类　　D. 按其归属的会计要素分类

11. 下列属于成本类科目的有（　　）。

A. 生产成本　　B. 主营业务成本　　C. 制造费用　　D. 销售费用

四、实训操作

实训一

【实训目的】理解总账与明细账之间的数量关系。

【资　　料】某企业 2019 年 8 月 31 日有关资料如表 4-1 所示。

【要　　求】根据总账与明细账之间的数量关系计算填列表中的相关金额。

表4-1　某企业2019年8月31日原材料和库存商品期末余额情况表

总分类科目		明细分类科目			
一级科目		二级明细科目		三级明细科目	
科目名称	金额（元）	科目名称	金额（元）	材料名称	金额（元）
原材料	200 000.00	原材料及主要材料	160 000.00	甲材料	90 000.00
				乙材料	
		燃料		汽油	
				煤炭	26 000.00
		辅助材料	10 000.00	润滑油	3 000.00
				油漆	
合计	200 000.00	—		—	
库存商品	600 000.00	彩色电视机		乐佳42英寸	
				乐佳32英寸	80 000.00
				乐佳19英寸	60 000.00
		电冰箱	180 000.00	海华BCD—225三门	130 000.00
				海华BCD—186双门	
		空调	160 000.00	奥克1.5匹	
				奥克1匹	70 000.00
合计	600 000.00	—		—	

实训二

【实训目的】掌握账户的对应关系和会计分录。

【资　　料】某企业 2019 年 8 月发生的经济业务如下：

（1）收到南华市东风有限公司投资车间厂房一栋，价值 500 000 元。

（2）从银行借入短期借款 400 000 元，款已存入银行存款账户。

（3）以银行存款预付南华市建新材料厂材料款 300 000 元。

（4）收到桂林市商贸有限公司归还的前欠货款 200 000 元，款已存入银行。

（5）以银行存款归还短期借款 150 000 元。

（6）从银行提取现金 3 000 元。

（7）以现金支付职工预借差旅费 2 000 元。

（8）以银行存款支付原欠上海市金贸有限公司材料款 120 000 元。

【要　　求】根据以上经济业务编制会计分录（如表 4-2 所示）。

表4-2　会计分录表

题号	会计分录	题号	会计分录
1		5	
2		6	
3		7	
4		8	

实训三

【实训目的】掌握账户的结构和试算平衡。

【资　　料】某企业 2019 年 8 月有关账户的期初余额如表 4-3 所示。

【要　　求】

（1）根据实训二所做的会计分录计算填列表中的本期发生额。

（2）计算填列各账户的期末余额。

（3）计算填列本期发生额、期末余额各栏的合计数。

表4-3　某企业2019年8月有关账户的期初余额表

金额单位：元

会计科目	期初余额		本期发生额		期末余额	
	借方	贷方	借方	贷方	借方	贷方
库存现金	200.00					
银行存款	161 800.00					

续表

会计科目	期初余额		本期发生额		期末余额	
	借方	贷方	借方	贷方	借方	贷方
应收账款	400 000.00					
预付账款	130 000.00					
其他应收款	8 000.00					
固定资产	1 300 000.00					
短期借款		300 000.00				
应付账款		200 000.00				
实收资本		1 500 000.00				
合　计	2 000 000.00	2 000 000.00				

实训四

【实训目的】掌握账户余额与发生额的关系。

【资　　料】如表 4-4 和表 4-5 所示。

【要　　求】根据期末余额的计算方法，计算填列各账户的期末余额，并注明余额的借贷方向。

表4-4　银行存款账户期末余额计算表

账户名称：银行存款　　　　金额单位：元

2019年		摘要	借方	贷方	余额	
月	日				借或贷	金额
8	1	期初余额			借	200 000.00
8	3	预付材料款		80 000.00		
8	6	提取现金		5 000.00		
8	10	收取货款	150 000.00			
8	11	归还短期借款		200 000.00		
8	16	购买材料		50 000.00		
8	18	借入短期借款	200 000.00			
8	22	支付材料运费		5 000.00		
8	26	购买材料		130 000.00		
8	29	收到货款	60 000.00			
8	29	购买办公用品		20 000.00		

表4-5　短期借款账户期末余额计算表

账户名称：短期借款　　　　金额单位：元

2019年		摘要	借方	贷方	余额	
月	日				借或贷	金额
8	1	期初余额			贷	600 000.00
8	6	借入		100 000.00		

续表

2019年		摘要	借方	贷方	余额	
月	日				借或贷	金额
8	13	还款	200 000.00			
8	14	还款	300 000.00			
8	18	借入		150 000.00		
8	19	借入		100 000.00		
8	22	还款	250 000.00			
8	23	借入		300 000.00		
8	26	借入		120 000.00		
8	27	还款	350 000.00			
8	29	借入		160 000.00		

实训五

【实训目的】熟练运用账户期末余额的计算公式及试算平衡。

【资　　料】如表 4-6 所示。

【要　　求】

（1）根据期末余额的计算公式，计算填列表中的空格。

（2）分别计算各栏的合计数，并试算平衡。

表4–6　账户发生额及余额试算平衡表

金额单位：元

会计科目	期初余额		本期发生额		期末余额	
	借方	贷方	借方	贷方	借方	贷方
库存现金	1 200.00	—	16 000.00	17 000.00		—
银行存款	222 800.00	—		500 000.00	122 800.00	—
应收账款	300 000.00	—	100 000.00		400 000.00	—
其他应收款		—	0.00	4 000.00	2 000.00	—
原材料	600 000.00	—		1 500 000.00	400 000.00	—
库存商品		—	1 300 000.00	1 520 000.00	280 000.00	—
固定资产	1 700 000.00	—	200 000.00	0.00		—
累计折旧	—	400 000.00	0.00		—	412 000.00
短期借款	—		500 000.00	0.00	—	300 000.00
应付账款	—	200 000.00		160 000.00	—	360 000.00
预收账款	—	210 000.00	130 000.00	100 000.00	—	
实收资本	—		0.00	200 000.00	—	1 200 000.00
资本公积	—	200 000.00	0.00		—	200 000.00
盈余公积	—	300 000.00	200 000.00	0.00	—	
利润分配	—		0.00	133 000.00	—	353 000.00
合　计						

项目五

借贷记账法的运用

【项目目标】

1. 能说出常见经济业务设置的会计账户。

2. 能根据常见的原始凭证说出经济业务内容。

3. 会根据常见的原始凭证编制会计分录。

一、填空题

1. 企业的资金来源主要有两条渠道：一是____________，二是____________。

2. 企业借款主要是指企业从____________或其他____________取得的各种借款。按偿还期的长短不同，借款可分为____________和____________。

3. 从银行借入长期借款，应根据实际金额借记____________，贷记____________。

4. 固定资产按使用情况分为____________固定资产、____________固定资产和____________固定资产三类。

5. 企业以银行存款购入不需要安装的固定资产，按应计入固定资产成本的金额，借记____________，按准予抵扣的进项税额借记____________，按实际支付的金额贷记____________等。

6. “在途物资”账户用于核算企业已采购完成____________材料的采购成本。借方登记在途物资____________的采购成本，贷方登记在途物资____________的采购成本。

7. 企业发生的费用按经济用途不同，分为____________和____________。

8. 生产成本账户用于核算企业在产品生产过程中发生的应计入产品成本的____________，包括____________、____________和____________等。

9. “库存商品”账户是资产类账户，用于核算企业库存商品的增减变动情况。借方登记库存商品的____________，贷方登记库存商品的____________，月末借方余额反映库存商品的____________。

10. 利润是企业在一定会计期间的____________，是____________与____________相抵后的差额。

二、单项选择题

1. 下列原始凭证中，不属于产品在销售过程中产生或取得的原始凭证的是（　　）。

A. 增值税专用发票“销售方记账”联　　B. 收取货款的凭证

C. 产品入库单　　D. 产品出库单

2. 下列项目中，不属于期间费用的是（　　）。

A. 销售费用　　B. 管理费用　　C. 财务费用　　D. 营业外支出

3. 净利润是利润总额扣除（　　）后的余额。

A. 税金及附加　　B. 其他业务成本　　C. 营业外支出　　D. 所得税费用

4. 企业按规定提取的法定盈余公积金、任意盈余公积金，应按实际提取的金额借记（　　），贷记盈余公积。

A. 税金及附加　　B. 利润分配　　C. 本年利润　　D. 所得税费用

三、多项选择题

1. 固定资产按其经济用途分为（　　）。

A. 自有固定资产　　B. 租入固定资产　　C. 生产经营用　　D. 非生产经营用

2. 税金及附加科目用于核算企业经营活动发生的相关税费，包括（　　）。

A. 增值税　　B. 城市维护建设税　　C. 教育费附加　　D. 印花税

3. 以下项目中，属于营业收入的是（　　）。

A. 主营业务收入　　B. 其他业务收入　　C. 投资收益　　D. 营业外收入

四、识图填空（根据图表填空）

1. 贷款借据如图 5-1 所示。

质押　　700255026

中国建设银行　贷款借据　（回单）　③

单位编号：　　日期：2019年8月7日　　银行编号：4569831

收款单位	名称	南华市安居家具有限公司	借款单位	名称	南华市安居家具有限公司
	往来户账号	450016048513663646		放款户账号	450016048513663646-1
	开户银行	建行南华锦华支行		开户银行	建行南华锦华支行

贷款种类	周转借款	利率	5.4%	起息日期	2019.08.07	还款日期	2019.11.06

		千	百	十	万	千	百	十	元	角	分
申请借款金额（大写）	人民币叁拾万元整		¥	3	0	0	0	0	0	0	0
实际核定贷款金额（大写）	人民币叁拾万元整		¥	3	0	0	0	0	0	0	0

备注	期限	计划还款日期	计划还款金额
	上述借款业务已同意贷给并转入你单位往来户账户，借款到期时按期归还 此致 借款单位 （银行盖章）　年　月　日		

中国建设银行股份有限公司
南华市锦华支行
2019.08.07
办讫章
（6）

此联系核定放款回单代借款单位收款通知

图5-1　贷款借据

从图5-1可以看出，凭证名称是________________________，借款单位是______________________，贷款种类是____________________，申请借款金额是__________万元，实际借款金额是__________万元，借款期限从__________到__________。

2. 贷款还款凭证如图 5-2 所示。

中国建设银行　贷款还款凭证（回单）　④

凭证开出日期：2019 年 8 月 16 日　　　　银行转账日期：2019 年 8 月 16 日

付款人	全　称	南华市安居家具有限公司	贷款账户	全　称	南华市安居家具有限公司
	账　号	450016048513663646		账　号	450016048513663646－1
	开户银行	建行南华锦华支行		开户银行	建行南华锦华支行
人民币（大写）	贰拾万元整			千百十万千百十元角分	¥20000000
贷款种类	周转借款	原借款金额			
此借款已由上列账户归还 开户银行（章）				会计分录： 借： 贷： 复核　记账	

第四联：回单

中国建设银行股份有限公司
南华市锦华支行
2019.08.16
办讫章
（6）

图5-2　贷款还款凭证

从图5-2可以看出，还款日期是______________，还款单位是__________________________，开户银行是___________________，还款金额是______________万元，贷款种类是______________。

3. 贷款借据如图 5-3 所示。

托收凭证（汇款依据或收款通知）　⑤

委托日期　2019 年 8 月 21 日　　　　付款期限　2019年8月26日

业务类型	委托收款（☑邮划 □电划）		托收承付（□邮划 □电划）		
付款人	全 称	南华市安居家具有限公司	收款人	全 称	武汉林江物资有限公司
	账号	450016048513663646		账号	784455668941483563
	开户银行	建行南华锦华支行		开户银行	建行武汉市林海分理处
托收金额	人民币（大写）	陆万零捌佰肆拾元整		千百十万千百十元角分	¥6084000
款项内容	钢管货款	托收凭据名称	发票	附寄单证张数	2
商品发运情况	自提	合同名称号码			
备注： 复核　记账		付款单位开户行盖章			

付款人开户行通知付款人的承付（支款）通知

中国建设银行股份有限公司
南华市锦华支行
2019.08.24
办讫章
（6）

图5-3　托收凭证

从图5-3可以看出，凭证名称是______________，凭证联次是第__________联，付款单位是____________________，收款单位是____________________，托收金额是______________元，款项内容是______________，委托日期是______________，收到托收凭证日期是______________，付款期限是______________。

4. 应付职工薪酬分配汇总表如表5-1所示。

表5-1　应付职工薪酬分配汇总表

2019年8月31日　　　　金额单位：元

项目	基本工资	岗位津贴	奖金	合计
课桌直接生产工人	39 780.00	6 660.00	9 018.00	55 458.00
课椅直接生产工人	26 520.00	4 440.00	6 012.00	36 972.00
车间管理人员	9 600.00	2 100.00	2 970.00	14 670.00
销售人员	13 200.00	2 900.00	3 600.00	19 700.00
行政管理人员	46 700.00	9 400.00	9 100.00	65 200.00
合计	135 800.00	25 500.00	30 700.00	192 000.00

从表5-1可以看出，本月应付职工基本工资___________元、岗位津贴___________元、奖金___________元，合计应付职工工资总额___________元；本月应付课桌直接生产工人工资总额___________元，课椅直接生产工人工资总额___________元，车间管理人员工资总额___________元，销售人员工资总额___________元，行政管理人员工资总额___________元，合计应付职工工资总额___________元。

5. 固定资产折旧计算表如表5-2所示。

表5-2　固定资产折旧计算表

编制日期：　2019年8月31日　　　　金额单位：元

使用部门	固定资产类别	原始价值	月综合折旧率	合计金额
生产车间	厂房	2 000 000	0.45%	9 000.00
	设备	3 000 000	1.25%	37 500.00
	小计	5 000 000		46 500.00
管理部门	房屋及建筑物	1 600 000	0.45%	7 200.00
	运输工具	1 200 000	1.25%	15 000.00
	交通工具	400 000	1.00%	4 000.00
	小计	3 200 000		26 200.00
合计		8 200 000		72 700.00

从表5-2可以看出，本月应计提折旧的固定资产原值_________元，计提折旧合计金

额____________元。其中，生产车间____________元，管理部门____________元；本月生产车间应计提折旧的设备原值__________元，月综合折旧率为________，计提折旧金额________元。

6. 产品生产成本资料如表 5-3 和表 5-4 所示。

表5–3　8月份期初在产品成本

金额单位：元

产品名称	直接材料	直接人工	制造费用	合计
课桌	168 400.00	24 542.00	20 778.00	213 720.00
课椅	110 800.00	19 028.00	7 852.00	137 680.00
合计	279 200.00		28 630.00	351 400.00

表5–4　8月份产品生产成本

金额单位：元

产品名称	直接材料	直接人工	制造费用	合计
课桌	399 600.00	55 458.00	51 222.00	506 280.00
课椅	351 200.00	36 972.00	34 148.00	422 320.00
合计	750 800.00	92 430.00	85 370.00	928 600.00

从表5-3和表5-4可以看出：

（1）课桌期初在产品成本__________元，其中，直接材料___________元，直接人工__________元，制造费用___________元；课椅期初在产品成本___________元，其中，直接材料__________元，直接人工__________元，制造费用__________元。

（2）课桌本月产品生产成本___________元，其中，直接材料___________元，直接人工___________元，制造费用___________元；课椅本月产品生产成本__________元，其中，直接材料__________元，直接人工__________元，制造费用__________元。

（3）课桌期初在产品成本____________元，本月产品生产成本____________元，产品生产总成本___________元；课椅期初在产品成本___________元，本月产品生产成本___________元，产品生产总成本___________元。

7. 产品成本计算表如表 5-5 所示。

表5–5　产品成本计算表（简）

产品名称：课桌　　2019年8月31日　　金额单位：元

项目	直接材料	直接人工	制造费用	合计
期初在产品成本	168 400.00	24 542.00	20 778.00	213 720.00
本期生产成本	399 600.00	55 458.00	51 222.00	506 280.00
生产成本合计	568 000.00	80 000.00	72 000.00	720 000.00
本期完工产品产量	8 000	8 000	8 000	8 000
单位成本	71.00	10.00	9.00	90.00

从表5-5可以看出，课桌期初在产品成本________元，本月产品生产成本________元，产品生产成本合计________元；课桌本月完工产品单位成本________元，其中，直接材料________元，直接人工________元，制造费用________元。

8. 差旅费报销单如图 5-4 所示。

差 旅 费 报 销 单

填报日期：2019 年 8 月 13 日

姓名			黄建新		出差地点	柳州				出差日期	自2019 年8月 9 日 至2019 年8月 12 日	
事由	参加订货会											
日期			起讫地点		车船费		伙食补助			费用开支		
年	月	日	起	讫	类别	金额	天数	标准	金额	项目	单据张数	金额
19	8	9	南华	柳州	自备					会务费	1	500
19	8	12	柳州	南华	自备		4	50	200	住宿费	1	600
										邮电费		
										市内交通		
										其他		
小计							4	50	200			1 100
附件 壹 张			总计金额人民币（大写） 壹仟叁佰元整							¥1 300.00		
①预借差旅费 1 500 元				②外借差旅费 元			③缴回现款 200 元			④补付现金 元		

总经理：邢永　财务主管：朱建丽　审核：凌丽娜　部门主管：张玉霞　填报人：黄建新

图5-4　差旅费报销单

从图5-4可以看出，凭证名称是______________，填报人是__________，填表时间是______________，出差时间是____________至__________；报销差旅费合计金额 ________元，其中，伙食补助金额__________元，其他费用开支金额__________元；原预借差旅费金额__________元，缴回差旅费余款__________元。

五、实训操作

实训一

【实训目的】掌握筹资业务的账务处理。

【资　　料】某企业 2019 年 8 月发生以下经济业务。

【要　　求】根据经济业务编制会计分录。

（1）8 月 3 日，收到国家投资 100 万元，款已存入银行。

（2）8 月 6 日，收到南华市建兴贸易有限公司投资款 200 万元，款已存入银行。

（3）8 月 10 日，从银行借入短期借款 30 万元，已存入银行存款账户。

（4）8 月 13 日，从银行借入三年期借款 50 万元，已存入银行存款账户。

（5）8 月 22 日，以银行存款支付短期借款利息 2 万元。

（6）8 月 26 日，以银行存款归还短期借款 20 万元。

实训二

【实训目的】掌握筹资业务的账务处理。

【资　　料】中海公司 2019 年 8 月发生下列经济业务。

【要　　求】根据经济业务编制会计分录。

（1）8 月 5 日，收到长明公司增加的投资 200 000 元，存入银行。

（2）8 月 7 日，从银行取得借款 50 000 元，期限 6 个月，所得款项存入银行。

（3）8 月 11 日，收到美联公司投入的生产线，双方协商作价为 560 000 元。

（4）8 月 12 日，偿还银行 2 年期的借款，本金 400 000 元。

（5）8 月 15 日，收到青岚公司投入的原材料，价值 500 000 元，并取得增值税专用发票，注明税额 65 000 元。

（6）8 月 18 日，以银行存款支付本月短期借款利息 8 000 元。

（7）8 月 31 日，计提本月短期借款利息 5 000 元，尚未支付。

实训三

【实训目的】掌握固定资产购置的账务处理。

【资　　料】中发公司 2019 年 8 月发生下列经济业务。

【要　　求】根据经济业务编制会计分录（注：不考虑运输费用的增值税）。

（1）8 月 1 日，购入不需要安装设备一台，买入价 30 000 元，增值税进项税额 3 900 元，发生包装费 500 元、运杂费 400 元，全部款项以银行存款支付。

（2）8 月 5 日，购入需安装的生产线一条，买入价 200 000 元，增值税进项税额 26 000 元，发生包装费 1 000 元、运输途中的保险费及运费 1 200 元，全部款项以银行存款支付。

（3）8 月 12 日，将上述生产线进行安装，在安装过程中，耗用材料 1 500 元（注：不考虑材料的进项税额转出），现金支付人工费用 800 元。

（4）8 月 15 日，上述生产线安装完毕，经验收合格交付使用。

（5）8 月 18 日，购入厂房一栋，银行存款支付价款 50 000 000 元。（不考虑相关税费）

（6）8 月 25 日，购入三辆货运汽车，价款合计 450 000 元，取得增值税专用发票，发票注明税额为 58 500 元，以银行存款支付。

实训四

【实训目的】掌握材料采购业务的账务处理。

【资　　料】裕海公司2019年8月发生下列经济业务。

【要　　求】根据经济业务编制会计分录（注：不考虑运输费用的增值税）。

（1）8月3日，从长宏工厂购入A材料300千克，单价200元，增值税进项税额7 800元，运费200元。全部款项尚未支付，材料验收入库。

（2）8月5日，以银行存款向中原工厂预付购买B材料的货款30 000元。

（3）8月8日，收到中原工厂发来的已预付货款的B材料200千克，单价115元，对方代垫运费800元，增值税2 990元，材料已验收入库。

（4）8月9日，收到中原工厂退回的货款。

（5）8月13日，从兴丰工厂购入C材料30千克，单价100元，增值税390元；D材料50千克，单价200元，增值税1 300元。上述款项全部用银行存款支付，材料验收入库。

（6）8月20日，以银行存款偿还前欠长宏工厂的货款70 400元。

（7）8月22日，从帝恒工厂购入B材料50千克，单价120元，运费200元，增值税780元，开出转账支票支付货款，材料尚未运达企业。

（8）8月25日，从帝恒工厂购入的B材料验收入库。

实训五

【实训目的】掌握固定资产购置和材料采购业务的账务处理。

【资　　料】某企业2019年8月发生以下经济业务。

【要　　求】根据经济业务编制会计分录。

（1）8月3日，购入生产设备一台，增值税专用发票列明价款金额100 000元，税额13 000元，价税合计113 000元。设备已验收并交付使用，货款已以银行存款支付。

（2）8月6日，从上海东方贸易有限公司购入甲材料20吨，增值税专用发票列明单价3 000元，价款金额60 000元，税额7 800元，价税合计67 800元。材料已如数验收入库，货款已以银行存款支付。

（3）8月10日，按合同规定预付杭州南方贸易有限公司乙材料货款60 000元。

（4）8月12日，从杭州永乐贸易有限公司购入丙材料30吨，增值税专用发票列明单价4 000元，价款金额120 000元，税额15 600元，价税合计135 600元。材料已如数验收入库，货款未付（合同规定于9月30日前付款）。

（5）8月16日，收到杭州南方贸易有限公司发来乙材料20吨，增值税专用发票列明单价 2 500 元，价款金额 50 000 元，税额 6 500 元，价税合计 56 500 元。材料已如数验收入库，货款从预付款中扣除。

（6）8 月 18 日，收到杭州南方贸易有限公司退回乙材料余款 1 500 元，款已存入银行。

（7）8 月 18 日，从上海新华贸易公司购入丙材料 20 吨，增值税专用发票列明单价 4 000 元，价款金额 80 000 元，税额 10 400 元，价税合计 90 400 元。货款已以银行存款支付，材料未到。

（8）8 月 18 日，从天津商贸有限公司购入乙材料 80 吨，增值税专用发票列明单价 2 500 元，价款金额 200 000 元，税额 26 000 元，价税合计 226 000 元。材料已如数验收入库，货款从上月预付的材料款中扣除。

（9）8 月 23 日，8 月 18 日从上海新华贸易公司购入的丙材料 20 吨已运到，已如数验收入库。

（10）8 月 26 日，以银行存款偿还上月欠重庆东方贸易公司的材料款 120 000 元。

实训六

【实训目的】掌握生产过程业务的账务处理。

【资　　料】华中公司生产甲、乙两种产品，2019 年 8 月发生下列经济业务。

【要　　求】根据经济业务编制会计分录。

（1）8 月 13 日，开出现金支票 158 000 元，提取现金以备发放工资。

（2）8 月 15 日，以现金 158 000 元支付本月工资。

（3）8 月 31 日，本月仓库发出下列材料：甲产品耗用材料 51 000 元，乙产品耗用材料 49 000 元，车间一般消耗 900 元，管理部门耗用材料 2 000 元。

（4）8 月 31 日，分配本月工资费用 158 000 元，其中甲产品生产工人工资 54 000 元，乙产品生产工人工资 64 000 元，车间管理人员工资 10 000 元，行政管理人员工资 30 000 元。

（5）8 月 31 日，计提本月生产车间的折旧费 1 300 元，管理部门的折旧费 800 元。

（6）8 月 31 日，将本月发生的制造费用 12 000 元分配给甲、乙产品，其中：甲产品 5 000 元，乙产品 7 000 元。

（7）8 月 31 日，甲产品全部完工入库，完工成本为 130 000 元，乙产品尚未完工入库。

实训七

【实训目的】掌握生产过程业务的账务处理。

【资　　料】某公司 2019 年 8 月发生下列经济业务。

【要　　求】根据经济业务编制会计分录。

（1）各部门领用材料如图 5-5 ～图 5-8 所示。

领　料　单

领料部门 生产车间　　No 2004536

生产单号　　2019 年 8 月 1 日

制品名称 A产品　制品数量　　制品用途

编号	品名	规格	计量单位	单价(元)	请领数量	实发数量	金额（元）
	甲材料		吨	3 000.00	30	30	90 000.00
	乙材料		吨	2 500.00	60	60	150 000.00
附件　张					合　计		240 000.00

第三联：财务记账

主管：文雷　会计：　发料：董春　领料：张家华　制单：阮丽婷

图5-5　领料单

领　料　单

领料部门 生产车间　　No 2004537

生产单号　　2019 年 8 月 1 日

制品名称 B产品　制品数量　　制品用途

编号	品名	规格	计量单位	单价(元)	请领数量	实发数量	金额(元)
	乙材料		吨	2 500.00	40	40	100 000.00
	丙材料		吨	4 000.00	20	20	80 000.00
附件　张					合　计		180 000.00

第三联：财务记账

主管：党建新　会计：　发料：董春　领料：姜雯　制单：杨柳平

图5-6　领料单

领　料　单

领料部门 生产车间　　No 2004538

生产单号　　2019 年 8 月 1 日

制品名称 一般耗用　制品数量　　制品用途

编号	品名	规格	计量单位	单价(元)	请领数量	实发数量	金额(元)
	甲材料		吨	3 000.00	4	4	12 000.00
	丙材料		吨	4 000.00	2	2	8 000.00
附件　张					合　计		20 000.00

第三联：财务记账

主管：薛丽莉　会计：　发料：董春　领料：华晓刚　制单：应国伟

图5-7　领料单

领料部门	后勤部	领 料 单	No 2004539
生产单号		2019 年 8 月 1 日	
制品名称	办公设备维修	制品数量	制品用途

编号	品名	规格	计量单位	单价（元）	请领数量	实发数量	金额（元）
	乙材料		吨	2 500.00	2	2	5 000.00
附件　　张					合　计		5 000.00

第三联：财务记账

主管：利家鸿　会计：　发料：董春　领料：许利宏　制单：钱江

图5-8　领料单

（2）以银行存款发放本月职工工资，如表 5-6 所示。

表5-6　2019年8月职工工资发放表

金额单位：元

姓名	基本工资	津补贴	奖金	应发工资
尹向东	1 800.00	600.00	200.00	2 600.00
姚静梅	1 600.00	500.00	220.00	2 320.00
易国英	2 200.00	650.00	230.00	3 080.00
姜跃华	2 400.00	700.00	260.00	3 360.00
…	…	…	…	…
…	…	…	…	…
合　计	136 000.00	26 000.00	25 000.00	187 000.00

（3）根据本月职工工资资料编制职工工资分配汇总表，如表 5-7 所示。

表5-7　2019年8月职工工资分配汇总表

编制日期：2019年8月31日　　金额单位：元

项目	基本工资	岗位津贴	奖金	合计
A产品生产工人	39 980.00	6 860.00	8 200.00	
B产品生产工人	26 520.00	4 740.00	5 400.00	
车间管理人员	9 600.00	2 100.00	1 800.00	
销售人员	13 200.00	2 900.00	2 800.00	
行政管理人员	46 700.00	9 400.00	6 800.00	
合　计				

（4）预提本月电费 7 200 元，具体用电情况如表 5-8 所示。

表5-8　电费分配表

编制日期：2019年8月31日　　金额单位：元

部门或项目	计量单位	数量	单价	金额
A产品生产耗用	千瓦·时	7 200	0.50	
B产品生产耗用	千瓦·时	4 800	0.50	
车间一般耗用	千瓦·时	800	0.50	
管理部门耗用	千瓦·时	1 600	0.50	
合　计		14 400		

（5）计提本月固定资产折旧，具体分配如表 5-9 所示。

表5-9　固定资产折旧计算表

编制日期：2019年8月31日　　金额单位：元

使用部门	固定资产类别	原始价值	月综合折旧率	折旧金额
生产车间	厂房	1 800 000	0.45%	
	设备	2 600 000	1.25%	
	小计	4 400 000		
管理部门	房屋及建筑物	1 600 000	0.45%	
	运输工具	800 000	1.25%	
	交通工具	200 000	1.00%	
	小计	2 600 000		
合　计		7 000 000		

（6）本月共发生制造费用 56 000 元，各产品机器工时如表 5-10 所示，按产品机器工时比例进行分配。

表5-10　制造费用分配表

编制日期：2019年8月31日　　金额单位：元

项目	机器工时	分配率	分配金额
A产品	3 000		
B产品	2 000		
合　计	5 000		56 000.00

（7）本月产品产量及生产成本相关资料如表 5-11 ～表 5-13 所示，请根据资料编制表 5-14 ～表 5-16，然后据以编制结转完工产品成本的会计分录。

表5-11　8月份产品产量情况表

编制日期：2019年8月31日

产品名称	计量单位	月初在产品	本月投产	本月完工	月末在产品
A产品	吨	150	250	400	0
B产品	吨	50	300	350	0

表5-12　8月份期初在产品成本

金额单位：元

产品名称	直接材料	直接人工	制造费用	合计
A产品	138 000.00	20 270.00	16 900.00	175 170.00
B产品	40 500.00	6 120.00	4 900.00	51 520.00
合　计	178 500.00	26 390.00	21 800.00	226 690.00

表5-13　8月份产品生产成本

金额单位：元

产品名称	直接材料	直接人工	制造费用	合计
A产品	399 600.00	55 458.00	51 222.00	506 280.00
B产品	414 500.00	62 480.00	49 000.00	525 980.00
合　计	814 100.00	117 938.00	100 222.00	1 032 260.00

表5-14　产品成本计算表（简）

产品名称：A产品　　2019年8月31日　　金额单位：元

项目	直接材料	直接人工	制造费用	合计
期初在产品成本				
本期生产成本				
生产成本合计				
本期完工产品产量				
单位成本				

表5-15　产品成本计算表（简）

产品名称：B产品　　2019年8月31日　　金额单位：元

项目	直接材料	直接人工	制造费用	合计
期初在产品成本				
本期生产成本				
生产成本合计				
本期完工产品产量				
单位成本				

表5-16　完工产品成本汇总表

编制日期：2019年8月31日　　金额单位：元

品名	型号规格	计量单位	数量	单位成本	总成本	备注
A产品		吨				
B产品		吨				
合　计						

实训八

【实训目的】掌握产品销售业务的账务处理。

【资　　料】某公司 2019 年 8 月发生以下经济业务。

【要　　求】根据经济业务编制会计分录。

（1）8 月 5 日，销售产品 20 吨，增值税专用发票列明单价 5 000 元，价款金额 100 000 元，税额 13 000 元，价税合计 113 000 元。货已发出，货款已存入银行。产品出库单列明单位成本 3 000 元，总成本为 60 000 元。

（2）8 月 6 日，收到梧州市桂源有限公司预付货款 240 000 元，存入银行。

（3）8 月 12 日，销售玉林市玉州贸易有限公司产品 80 吨，增值税专用发票列明单价 5 000 元，价款金额 400 000 元，税额 52 000 元，价税合计 452 000 元。货已发出，货款未收，合同约定 9 月 30 日前付款。产品出库单列明单位成本 3 000 元，总成本为 240 000 元。

（4）8 月 13 日，销售给梧州市桂源有限公司产品 40 吨，增值税专用发票列明单价 5 000 元，价款金额 200 000 元，税额 26 000 元，价税合计 226 000 元。货已发出，货款从 8 月 6 日预收款中扣除。产品出库单列明单位成本 3 000 元，总成本为 120 000 元。

（5）8 月 14 日，以银行存款退回梧州市桂源有限公司余款 14 000 元。

（6）8 月 20 日，收到北海市海泉有限公司偿还前欠货款 80 000 元，存入银行。

实训九

【实训目的】掌握产品销售业务的账务处理。

【资　　料】新星公司 2019 年 8 月发生下列经济业务。

【要　　求】根据经济业务编制会计分录。

（1）8 月 3 日，向凌云公司销售甲产品 1000 台，总价款 126 000 元，增值税 16 380 元，收到对方开出的支票送存银行。

（2）8 月 6 日，按合同规定，预收品浪公司货款 50 000 元。

（3）8 月 7 日，向品浪公司销售乙产品，总价款 47 800 元，增值税销项税额 6 214 元，冲减前预收款。

（4）8 月 8 日，收到品浪公司转账支付的补付货款 4 014 元。

（5）8 月 14 日，向乐民公司销售材料一批，货款 50 000 元，增值税 6 500 元，材料已发出，用银行存款先代垫运杂费 600 元，尚未收到销售款。

（6）8 月 14 日，结转销售材料的成本 35 000 元。

（7）8 月 20 日，收到乐民公司支付的前欠材料款及运费共 57 100 元。

（8）8 月31 日，结转销售甲、乙产品的成本，其中甲产品85 000元，乙产品30 000元。

实训十

【实训目的】掌握费用及其他收支业务的账务处理。

【资　　料】粤海公司 2019 年 8 月发生下列经济业务。

【要　　求】根据经济业务编制会计分录。

（1）8 月 1 日，业务员宋明预借差旅费 3 000 元，以现金支付。

（2）8 月 14 日，业务员宋明出差回来报销差旅费 3 200 元，以现金补付 200 元。

（3）8 月 15 日，以银行存款支付广告费 5 000 元、增值税额 300 元。

（4）8 月 18 日，以银行存款支付违约金 8 000 元。

（5）8 月 21 日，向灾区捐赠救灾，以银行存款支付 50 000 元。

（6）8 月 22 日，以银行存款向税局支付上月税金 4 000 元。

（7）8 月 26 日，以现金支付业务招待费 1 000 元。

（8）8 月 28 日，以银行存款支付本月短期借款利息费 3 000 元。

实训十一

【实训目的】掌握费用及其他收支业务的账务处理。

【资　　料】某公司 2019 年 8 月发生以下经济业务。

【要　　求】根据经济业务编制会计分录。

（1）8 月 3 日，从银行提取现金 5 000 元。

（2）8 月 3 日，业务员宋嘉丽预借差旅费 3 000 元，以现金支付。

（3）8 月 3 日，以现金支付业务招待费 800 元。

（4）8 月 8 日，以银行存款支付广告费价税合计 30 000 元，增值税税率为 6%。

（5）8 月 14 日，以现金支付办公用品 1 200 元。

（6）8 月 18 日，业务员宋嘉丽报销差旅费 3 200 元，原预借 3 000 元、以现金补付 200 元。

（7）8 月 22 日，以银行存款支付短期借款利息 30 000 元。

（8）8 月 23 日，销售不适用的某材料 10 吨，增值税专用发票列明单价 2 000 元，价款金额 20 000 元，税额 2 600 元，价税合计 22 600 元。货已发出，货款已收到，存入银行。该批材料成本为 16 000 元。

（9）8 月 26 日，以银行存款支付违约赔偿金 6 000 元。

（10）8 月 28 日，以银行存款捐赠某灾区救灾款 10 000 元。

（11）8 月 28 日，收到某物流公司违约赔偿金 20 000 元，款已存入银行。

（12）8 月 29 日，以银行存款支付上月应交税费 80 000 元。

实训十二

【实训目的】掌握利润形成业务的账务处理。

【资　　料】裕华公司 2019 年 8 月有关损益类账户结账前的资料如表 5-17 所示。（所得税税率为 25%）

表5-17　结转前损益类账户余额表

编制日期：2019年8月31日　　金额单位：元

账户名称	本期发生额		账户名称	本期发生额	
	借方	贷方		借方	贷方
主营业务收入		540 000	主营业务成本	250 000	
其他业务收入		130 000	其他业务成本	60 000	
营业外收入		20 000	税金及附加	42 000	
投资收益		10 000	销售费用	50 000	
			财务费用	12 000	
			管理费用	90 000	
			营业外支出	25 000	
合　计		700 000	合　计	259 000	

【要　　求】

（1）列式计算本月营业利润、利润总额、应交企业所得税、净利润。

（2）编制结转收入类账户、结转费用类账户、计提应交企业所得税、结转所得税费用的会计分录。

实训十三

【实训目的】掌握利润分配、结转净利润和利润分配的账务处理。

【资　　料】假如某公司 2018 年度实现净利润 100 万元，法定盈余公积为 10%，根据公司章程及股东大会的决定，从公司盈余中提取 5% 的任意盈余公积。按净利润的 60% 向投资者分配利润。

【要　　求】

（1）计算填列表 5-18 所示的利润分配计算表。

（2）编制利润分配的会计分录。

（3）编制结转净利润的会计分录。

（4）编制结转利润分配的会计分录。

表5–18　利润分配计算表

编制日期：2018年12月31日　　　　金额单位：元

项目	净利润	提取比例	金额
法定盈余公积		10%	
任意盈余公积		5%	
应付股利		60%	
合　计			

实训十四

【实训目的】掌握企业常见经济业务的账务处理。

【资　　料】粤桂公司 2018 年 12 月发生下列经济业务。

【要　　求】根据经济业务编制会计分录（注：不考虑运输费用的增值税）。

（1）12 月 1 日购进甲材料 50 吨，单价 2 000 元，价款合计 100 000 元，增值税额 13 000 元，价税合计 113 000 元，运杂费 1 000 元，以银行存款支付，材料尚未运达。

（2）12 月 5 日，从林菀公司购进乙材料 8 吨，单价 495 元；丙材料 8 吨，单价 320 元，收到增值税专用发票。货款以银行存款支付 4 000 元，其余货税款暂欠；以现金支付装卸费、搬运费共 2 000 元（运杂费乙、丙材料各承担一半），材料已验收入库。

（3）12 月 5 日，国家拨入投资资金 100 000 元存入银行。

（4）12 月 7 日，支付 12 月 5 日所欠林菀公司货款 3 367.60 元，开出支票从银行支付。

（5）12 月 9 日，以现金 300 元购买车间办公用品。

（6）12 月 14 日，从银行提取现金 190 000 元备发工资。

（7）12 月 15 日，以现金 190 000 元支付职工工资。

（8）12 月 15 日，以银行存款 800 元预付明年订阅报纸杂志费。

（9）12 月 15 日，上述采购的甲材料到达验收入库。

（10）12 月 15 日，以银行存款支付广告费 3 000 元、增值税额 180 元。

（11）12 月 16 日，销售 A 产品 3 000 件，每件售价 30 元，价款合计 90 000 元，增值税额 11 700 元，价税合计 101 700 元，开出增值税专用发票，收到货款存入银行。

（12）12 月 19 日，销售 B 产品 2 000 件，每件售价 18 元，价款合计 36 000 元，增值税额 4 680 元，价税合计 40 680 元，开出增值税专用发票，货已发出，款未收到。

（13）12 月 19 日，以现金代垫运输费 500 元。

（14）12 月 31 日，支付本月的短期借款利息 400 元。

（15）12 月 31 日，一车间生产 A 产品领用甲材料 10 000 元，生产 B 产品领用乙材料 30 000 元；生产车间一般耗用领用甲材料 2 000 元；行政管理部门领用乙材料 1 000 元。

（16）12 月 31 日，计提本月职工工资，其中 A 产品生产工人工资 50 000 元，B 产品生产工人工资 80 000 元，车间管理人员工资 40 000 元，企业行政管理人员工资 20 000 元。

（17）12 月 31 日，将本月制造费用转入产品生产成本，其中 A 产品 30 000 元，B 产品 20 000 元。

（18）12 月 31 日，本月产品全部完工，验收入库，其中 A 产品 80 000 元，B 产品 100 000 元。

（19）12 月 31 日，结转本月销售成本，其中 A 产品 45 000 元；B 产品 10 000 元。

（20）12 月 31 日，计提应交消费税 2 000 元，城市维护建设税 500 元，教育费附加 250 元。

（21）12 月 31 日，将收入类账户转入“本年利润”。

（22）12 月 31 日，将费用类账户转入“本年利润”。

（23）12 月 31 日，计提本月应交所得税，所得税率 25%。

（24）12 月 31 日，结转本月所得税。

（25）12 月 31 日，将本年净利润 360 000 元转入“利润分配”。

（26）12 月 31 日，提取法定盈余公积，提取比例为 10%；按 5% 提取任意盈余公积。

（27）12 月 31 日，按 50% 向投资者分配利润。

（28）12 月 31 日，结转“利润分配”。

项目六

编制记账凭证

【项目目标】

1. 能说出记账凭证的作用。

2. 能说出记账凭证的分类方法。

3. 能根据常见的原始凭证编制记账凭证。

一、填空题

1. 记账凭证又称记账凭单或分录凭单，是______________根据审核无误的______________编制的、载有______________并作为______________的书面文件。

2. 收款凭证是用来记录__________和__________等货币资金收款业务的凭证，它是根据现金和银行存款收款业务的__________填制的。

3. 付款凭证是用来记录__________和__________等货币资金付款业务的凭证，它是根据现金和银行存款付款业务的__________填制的。

4. 转账凭证是用来记录与__________、__________等货币资金收付款业务无关的__________的凭证。

5. 通用记账凭证是指适合于所有经济业务的记账凭证，即各类经济业务共同使用的同一格式的记账凭证，不分__________、__________和__________。

6. 记账凭证日期应以__________的日期为准，但记账凭证的__________与__________应该协调一致。对于次月才处理的当月经济业务或期末会计业务的记账凭证，其日期应该填写__________的日期。

7. 审核记账凭证内容的真实性主要是审核记账凭证是否以原始凭证为依据，所附原始凭证的______________、______________与记账凭证的______________、____________是否一致。

8. 审核记账凭证的正确性主要是审核记账凭证中使用的______________是否正确，__________之间的对应关系是否清楚，______________与______________的计算是否准确无误，两者的合计是否相等，______________的金额与其所属______________的金额之和是否相等。

二、单项选择题

1. 只涉及现金和银行存款之间收入或付出的经济业务，只填制（　　），以免重复。

A. 收款凭证　　B. 付款凭证

C. 转账凭证　　D. 会计凭证

2. 记账凭证一律由（　　）填制。

A. 业务员　　B. 保管员

C. 经济业务经办人员　　D. 会计人员

3. 原始凭证一般由（　　）填制或取得。

A. 业务员　　B. 保管员

C. 经济业务经办人员　　D. 会计人员

三、多项选择题

1. 记账凭证按其适用的经济业务不同分类，分为（　　）。

A. 专用记账凭证　　B. 通用记账凭证

C. 收款凭证　　D. 付款凭证

2. 专用记账凭证是用来专门记录某一类经济业务的记账凭证，分为（　　）。

A. 会计凭证　　B. 收款凭证

C. 付款凭证　　D. 转账凭证

3. 根据记账凭证和原始凭证的联系与区别，以下表述正确的有（　　）。

A. 记账凭证和原始凭证都属于会计凭证

B. 原始凭证是填制记账凭证的依据

C. 记账凭证是记录和证明经济业务发生和完成的情况

D. 记账凭证是登记会计账簿的依据

四、实训操作

实训一

【实训目的】掌握记账凭证的编制方法。

【资　　料】南华市安居家具有限公司 2019 年 8 月发生以下经济业务。

【要　　求】

（1）根据经济业务采用专用记账凭证编制记账凭证（自备空白专用记账凭证）。

（2）根据经济业务采用通用记账凭证编制记账凭证，并按收字、付字和转字三类分别编号（自备空白通用记账凭证）。

1. 生产领用材料。经济业务内容如图 6-1 所示。

领　料　单

领料部门　生产车间　　　　No 2004537

生产单号　　　　2019 年 8 月 1 日

制品名称　课椅　　制品数量　　　　制品用途

	品名	规格	计量单位	单价	请领数量	实发数量	金额
	胶合板	1 200mm×786mm	张	50.00	1 800	1 800	90 000.00
	钢管	2.2mm×28mm	吨	5 200.00	50	50	260 000.00
	辅助材料		元		1 200	1 200	1 200.00
件　张					合计		351 200.00

第三联：财务记账

南华市安居家具有限公司 业务专用章

南华市安居家具有限公司 财务结算章 2019.08.01

主管：党建新　会计：　发料：董春　领料：姜雪　制单：杨柳平

图6-1　领料单

2. 接受投资者投资。经济业务内容如图 6-2、图 6-3 所示。

中国建设银行 **进账单**（收账通知）　3

2019年　8　月　3　日

出票人	全称	南华市玉中家具有限公司	收款人	全称	南华市安居家具有限公司
	账号	450016048513666123		账号	450016048513663646
	开户银行	建行南华江北支行		开户银行	建行南华锦华支行
金额	人民币（大写）	贰拾万元整		亿千百十万千百十元角分	¥ 2 0 0 0 0 0 0 0
票据种类		转账支票	票据张数	1	
票据号码		63266			
	复核　记账				收款人开户银行签章

开户银行交给收款人的收账通知

中国建设银行股份有限公司 南华市锦华支行 2019.08.03 办讫章（6）

图6-2　中国建设银行进账单（收账通知）

收　款　收　据

2019 年 8 月 3 日　　NO:003163

此据不作发票及报销凭证使用

今收到　南华市玉中家具有限公司　交来　投资款

金额（大写）　贰拾万元整　　转账　　¥ 200 000.00

单位盖章：　　收款人：

南华市安居家具有限公司 财务专用章

第二联：财务记账

主管：　会计：　复核：凌丽娜　制单：张秀红

图6-3　收款收据

3. 从银行借入短期借款。经济业务内容如图 6-4 所示。

质押　　　　　　　　　　　　　　　　　　　　　　　　700255026

中国建设银行　贷款借据（回单）　③

单位编号:　　　　日期:　2019年8月7日　　　　银行编号:4569831

收款单位	名　称	南华市安居家具有限公司		借款单位	名　称	南华市安居家具有限公司	
	往来户账号	450016048513663646			放款户账号	450016048513663646-1	
	开户银行	建行南华锦华支行			开户银行	建行南华锦华支行	
贷款种类	周转借款	利率	5.4%	起息日期	2019.08.07	还款日期	2019.11.06
申请借款金额（大写）	人民币叁拾万元整					千百十万千百十元角分	¥30000000（十万位起）
实际核定贷款金额（大写）	人民币叁拾万元整					千百十万千百十元角分	¥30000000（十万位起）
备注				期　限	计划还款日期		计划还款金额
				上述借款业务已同意贷给并转入你单位往来户账户，借款到期时按期归还　此致 借款单位 （银行盖章）　年　月　日			

此联系核定放款回单代借款单位收款通知

中国建设银行股份有限公司 南华市锦华支行 2019.08.07 办讫章 (6)

图6-4　中国建设银行贷款借据（回单）

4. 购进固定资产。经济业务内容如图 6-5～图 6-8 所示。

固 定 资 产 验 收 单

供货单位　青岛凯粤机械制造有限公司　　　2019年8月12日　　　第　　号

编号	名称	规格	计量单位	应收数量	实收数量	单价	十	万	千	百	十	元	角	分	使用单位
	精密推台锯	MJ3000 45°	套	1	1	72 477.88		7	2	4	7	7	8	8	备料车间
合计金额（大写）		柒万贰仟肆佰柒拾柒元捌角捌分整					¥	7	2	4	7	7	8	8	
备 注		已交付车间使用													

会计：凌莉娜　　　保管：　　　验收：成小艳　　　制表：江涛

第二联 财务记账

南华市安居家具有限公司 业务专用章

南华市安居家具有限公司 财务结算章 2019.08.12

图6-5　固定资产验收单

山东省增值税专用发票

3700103170　　　　发票联　　　　NO：2734656

开票日期2019年8月12日

购货单位	名　　称：南华市安居家具有限公司 纳税人识别号：450122316560366２ 地 址、电 话：南华市锦华大道632号0771—39888366 开户行及账号：建行南华锦华支行 450016048513663646			密码区	03**263>>0821927-8303 -5215895---669*>7873/ 37315/6*2-+505/32+78 +48-4*1850164907>>>/		加密版本：01 4300062620 03948082	
货物或应税劳务名称	规格型号	单位	数量	单价	金额	税率	税额	
精密推台锯	MJ3000　45°	台	1	72 477.88	72 477.88	13%	9 422.12	
合　　计					¥ 72 477.88		¥　9 422.12	
价税合计（大写）	⊗捌万壹仟玖佰元整					小写：¥ 81 900.00		
销货单位	名　　称：青岛凯粤机械制造有限公司 纳税人识别号：630222316561133４ 地 址、电 话：青岛市五一路269号　0532-4695427 开户行及账号：工行青岛市五一支行630216048513662469			备注				

收款人：　　　复核：闫永亮　　　开票人：余晓平　　　销货单位：（章）

第二联：购货方记账凭证

图6-6　增值税专用发票

山东省增值税专用发票

3700103170　　　　抵扣联　　　　NO：2734656

开票日期2019年8月12日

购货单位	名　　称：南华市安居家具有限公司 纳税人识别号：4501223165603662 地 址、电 话：南华市锦华大道632号0771—39888366 开户行及账号：建行南华锦华支行 450016048513663646			密码区	03**263>>0821927-8303 -5215895---669*>7873/ 37315/6*2-+505/32+78 +48-4*1850164907>>>/		加密版本：01 4300062620 03948082	
货物或应税劳务名称	规格型号	单位	数量	单价	金额	税率	税额	
精密推台锯	MJ3000　45°	台	1	72 477.88	72 477.88	13%	9 422.12	
合　　计					¥ 72 477.88		¥　9 422.12	
价税合计（大写）	⊗捌万壹仟玖佰元整					小写：¥ 81 900.00		
销货单位	名　　称：青岛凯粤机械制造有限公司 纳税人识别号：6302223165611334 地 址、电 话：青岛市五一路269号　0532-4695427 开户行及账号：工行青岛市五一支行630216048513662469			备注				

收款人：　　　复核：闫永亮　　　开票人：余晓平　　　销货单位：（章）

第三联：购货方抵扣凭证

图6-7　增值税专用发票

中国建设银行　电汇凭证（回　单）　　1

□普通　□加急　　　委托日期　2019年8月12日

汇款人	全　称	南华市安居家具有限公司	收款人	全　称	青岛凯粤机械制造有限公司
	账　号	450016048513663646		账　号	630216048513662469
	汇出地点	南华　省　　市/县		汇入地点	山东　省　青岛　市/县
汇出行名称		建行南华锦华支行	汇入行名称		工行青岛市五一支行
金额	人民币（大写）	捌万壹仟玖佰元整		亿千百十万千百十元角分	¥ 8 1 9 0 0 0 0
			支付密码		
			附加信息及用途：支付MJ3000　45°　精密推台锯		
		汇出行签章	复核		记账　兰昔朋

此联汇出行给汇款人的回单

图6-8　中国建设银行电汇凭证（回单）

5. 支付广告费。经济业务内容如图 6-9 ～图 6-11 所示（增值税专用发票抵扣联略）。

南华市增值税专用发票

全国统一发票监制章 南华市 国家税务总局监制

4500042140　　　　NO: 0145216

发票联　　　　开票日期: 2019年1月13日

购货单位	名　　称：南华市安居家具有限公司 纳税人识别号：4501223165603662 地 址、电 话：南华市锦华大道632号0771—39888366 开户行及账号：建行南华锦华支行450016048513663646			密码区	09**263>>0821 927-8303 -5215895---669*>7873/ 37315/6*2-+505/32+78 +48-4*1550531 163>>>/	加密版本：01 4300062620 02848592	
货物或应税劳务名称	规格型号	单位	数量	单价	金额	税率	税额
广告费		幅	1	7 547.17	7 547.17	6%	452.83
合　计					¥ 7,547.17		¥ 452.83
价税合计（大写）	⊗ 捌仟元整				（小写）¥8,000.00		
销货单位	名　　称：南华日报社广告有限公司 纳税人识别号：4501587204601422 地 址、电 话：南华市壮锦大道623号0771-38670143 开户行及账号：工行南华江北支行450016048513634362			备注			

收款人：　　复核：　　开票人：凌玲　　销货单位：（章）

第二联：购货方记账凭证

南华日报社广告有限公司 4501587204601422 发票专用章

图6-9　广告业专用发票

中国建设银行
转账支票存根
10504520
32532635

附加信息

出票日期：2019 年 8 月13 日

收款人：南华日报社广告有限公司
金　额：¥8000.00
用　途：支付广告费

单位主管　　会计

图6-10　中国建设银行转账支票存根

中国建设银行　**进账单**　（回　单）　1

2019年　8　月 13　日

出票人	全　称	南华市安居家具有限公司	收款人	全　称	南华日报社广告有限公司
	账　号	450016048513663646		账　号	450016048513634362
	开户银行	建行南华锦华支行		开户银行	工行南华江北支行
金额	人民币（大写）	捌仟元整		亿千百十万千百十元角分	¥ 8 0 0 0 0 0
票据种类	转账支票	票据张数			
票据号码	32532635				
复核　　记账				付款人开户银行签章	

中国建设银行股份有限公司 南华市锦华支行 2019.08.13 办讫章（6）

开户银行交给持（出）票人的回单

图6-11　中国建设银行进账单（回单）

6. 归还短期借款。经济业务内容如图 6-12 所示。

中国建设银行　**贷款还款凭证**（回单）　④

凭证开出日期 2019 年 8 月 16 日　　　　银行转账日期 2019 年 8 月 16 日

付款人	全　称	南华市安居家具有限公司	贷款账户	全　称	南华市安居家具有限公司
	账　号	450016048513663646		账　号	450016048513663646－1
	开户银行	建行南华锦华支行		开户银行	建行南华锦华支行
人民币（大写）	贰拾万元整			千百十万千百十元角分	¥20000000
贷款种类	周转借款	原借款金额			
此借款已由上列账户归还 开户银行（章）				会计分录： 借： 贷： 复核　　记账	

第四联：回单

中国建设银行股份有限公司 南华市锦华支行 2019.08.16 办讫章 (6)

图6-12　中国建设银行贷款还款凭证（回单）

7. 预收货款。经济业务内容如图 6-13 所示。

中国建设银行　信汇凭证（收账通知）　4

委托日期　2019年8月17日

汇款人	全　称	贵港市港南家具有限公司	收款人	全　称	南华市安居家具有限公司
	账　号	450516048513642351		账　号	450016048513663646
	汇出地点	南华 省 贵港 市/县		汇入地点	南华 省　市/县
汇出行名称		建行贵港江南支行	汇入行名称		建行南华锦华支行
金额	人民币（大写）	壹拾伍万元整		亿千百十万千百十元角分	¥15000000
款项已收入收款人账户。 汇入行签章			支付密码		
			附加信息及用途：预付学生课桌、课椅货款 复核　　记账		

此联给收款人的收账通知

中国建设银行股份有限公司 南华市锦华支行 2019.08.17 办讫章 (6)

图6-13　中国建设银行信汇凭证（收账通知）

8. 支付短期借款利息。经济业务内容如图 6-14 所示。

中国建设银行特种转账借方凭证

人民币　　清算日期：2019 年 8 月 22 日　　第　号　（客户回单）

付款人	全　称	南华市安居家具有限公司	收款人	全称	建行南华锦华支行
	账　号	450016048513663646		账号	
	开户银行	建行南华锦华支行		开户行	建行南华锦华支行
金额（大写）		玖仟捌佰元整			¥9 800.00
用途	贷款利息				
备注	转讫				银行盖章

会计主管：　　授权：　　复核：刘丽文　　打印：薛丽

中国建设银行股份有限公司 南华市锦华支行 2019.08.22 办讫章 (6)

图6-14　中国建设银行特种转账借方凭证

9. 销售产品。经济业务内容如图 6-15 和图 6-16 所示。

南华市增值税专用发票

4300042140　　记账联　　No: 6234326

开票日期2019年8月23日

购货单位：
名　　称：贵港市港南家具有限公司
纳税人识别号：4525223165611358
地 址、电 话：贵港市江南大道362号0775-42334256
开户行及账号：建行贵港江南支行 450516048513642351

密码区：03**263>>0821927-8303 -5215895---669*>7873/ 37315/6*2-+505/32+78 +48-4*1850164907>>>/

加密版本：01　4300062620　03948082

货物或应税劳务名称	规格型号	单位	数量	单价	金额	税率	税额
课桌		张	600	110.619 47	66 371.68	13%	8 628.32
课椅		张	600	101.769 91	61 061.95	13%	7 938.05
合　计					¥ 124 433.63		¥ 16 566.37
价税合计（大写）	⊗壹拾肆万肆仟元整					小写 ¥ 144 000.00	

销货单位：
名　　称：南华市安居家具有限公司
纳税人识别号：4501223165603662
地 址、电 话：南华市锦华大道632号0771－39888366
开户行及账号：建行南华锦华支行 450016048513663646

备注：冲减预收款

收款人：　　复核：凌丽娜　　开票人：幸魏国　　销货单位：（章）

第四联：销货方记账凭证

图6-15　增值税专用发票

产　品　出　库　单　　No. 0032416

购货单位：贵港市港南家具有限公司　　开单日期：2019年8月23日

产品名称	型号规格	计量单位	计划数	实发数	单　价	金　额	单位成本	总成本
课桌		张	600	600	125.00	75 000.00	90.00	54 000.00
课椅		张	600	600	115.00	69 000.00	80.00	48 000.00
合计						144 000.00		102 000.00
合计（大写）	壹拾肆万肆仟元整							

会计：凌莉娜　　保管：刘杰　　提货：易永　　制单：单建林

第三联：财务记账

图6-16　产品出库单

10. 分配本月制造费用。经济业务内容如表 6-1 所示。

表6–1　制造费用分配表

编制日期：2019年8月31日　　金额单位：元

项　目	定额工时	分配率	分配金额
课桌	6 000	8.537	51 222.00
课椅	4 000	8.537	34 148.00
合计	10 000		85 370.00

11. 结转完工产品成本。经济业务内容如表 6-2 所示。

表6–2　完工产品成本汇总表

编制日期：2019年8月31日　　　　金额单位：元

品名	型号规格	计量单位	数量	单位成本	总成本	备注
课桌		张	8 000	90.00	720 000.00	
课椅		张	6 000	80.00	480 000.00	
合计					1 200 000.00	

主管：　　会计：　　复核：凌莉娜　　制表：幸魏国

12. 结转损益类账户。经济业务内容如表 6-3 所示。

表6–3　结转前损益类账户余额表

编制日期：2019年8月31日　　　　金额单位：元

会计科目	贷方余额	会计科目	借方余额
主营业务收入	1 200 000.00	主营业务成本	850 000.00
其他业务收入	60 000.00	税金及附加	4 560.00
营业外收入	20 000.00	其他业务成本	40 000.00
		销售费用	50 000.00
		管理费用	130 000.00
		财务费用	75 440.00
		营业外支出	30 000.00
合计	1 280 000.00	合　计	1 180 000.00

13. 计提和结转所得税费用。经济业务内容如表 6-4 所示。

表6–4　应交所得税计算表

编制日期：2019年8月31日　　　　金额单位：元

利润总额	纳税调整金额（+、–）	应纳税所得额	税　率	应纳所得税额	备注
100 000.00		100 000.00	25%	25 000.00	

14. 分配利润（假如该公司按月预分配）。经济业务内容如表 6-5 所示。

表6–5　利润分配计算表

编制日期：2019年8月31日　　　　金额单位：元

项目	净利润	提取比例	金额	备注
法定盈余公积	75 000.00	10%	7 500.00	
任意盈余公积	75 000.00	5%	3 750.00	
合计			11 250.00	

项目七

登记会计账簿

【项目目标】

1. 能说出会计账簿的基本要素和账簿的种类。

2. 会按照账簿启用规则办理账簿的更换、启用和交接。

3. 会根据单位经济业务特点和管理要求正确设置各种账簿。

4. 会登记各种账簿。

5. 会正确使用错账的更正方法。

6. 会编制科目汇总表。

7. 会正确对账和结账。

一、填空题

1.会计账簿是以__________为登记依据，用于连续、系统、全面地记录各种__________，由具有专门格式和相互联系的账页组成的__________。

2.一定会计期间、一定种类的会计账簿，分别记录和反映了各会计账户的__________、__________、__________和__________的情况。

3. 分类账按照反映的经济业务详细程度不同，分为__________和__________。

4. 总账账户对其所属的明细账账户具有__________和__________的作用，而明细账账户是对其所归属的总账账户的__________和__________。

5. 账簿按账页格式不同，可分为__________、__________、__________和__________账簿。

6. 三栏式账簿的账页基本格式是在账页中设置__________、__________、__________三个基本栏目金额的账簿。

二、单项选择题

1. 以下项目中，一般不采用数量金额式账簿的是（　　）。

A. 原材料明细账　B. 库存商品明细账　C. 工程物资明细账　D. 在途物资明细账

2. 下列情况中，不能用红色墨水记账的是（　　）。

A. 按照红字冲账的记账凭证，冲销错误记录

B. 登记数量金额式账簿的贷方发生额

C. 在不设借贷等栏的多栏式账页中，登记减少数

D. 在三栏式账户的余额栏前，如未印明余额借贷方向的，在余额栏内登记负数余额

3. 在“记账凭证核算程序”下，应该根据（　　）登记总账。

A. 科目汇总表　　B. 记账凭证的总分类账户

C. 记账凭证的明细分类账户　　D. 明细分类账户

4. 在“科目汇总表核算程序”下，应该根据（　　）登记总账。

A. 科目汇总表　　B. 记账凭证的总分类账户

C. 记账凭证的明细分类账户　　D. 明细分类账户

5. 银行存款日记账必须采用（　　）账簿。

A. 三栏式　　B. 多栏式　　C. 订本式　　D. 平行登记式

6. 实物资产的明细账一般采用（　　）账簿。

A. 数量金额式　　B. 三栏式　　C. 多栏式　　D. 平行登记式

7. 账证核对是指将（　　）进行核对。

A. 账簿记录与会计凭证　　B. 账簿记录与记账凭证

C. 账簿记录与原始凭证　　D. 总账与明细账

三、多项选择题

1. 关于账户的借方、贷方、余额之间的关系，以下等式成立的有（　　）。

A. 期初余额 + 本期增加额 − 本期减少额 = 期末余额

B. 期初余额 = 期末余额 + 本期减少额 − 本期增加额

C. 期初余额 + 本期增加额 = 本期减少额 + 期末余额

D. 期初余额 − 本期减少额 = 期末余额 − 本期增加额

2. 账簿按其用途不同，可以分为（　　）三类。

A. 总账　　B. 序时账簿　　C. 分类账簿　　D. 备查账簿

3. 账簿按其外形特征不同，可以分为（　　）。

A. 订本式　　B. 活页式　　C. 卡片式　　D. 多栏式

4. 数量金额式账簿账页的基本格式是在三栏式账页的基础上，在“借方”“贷方”“余额”各基本栏目中再细分（　　）。

A. 计量单位　　B. 数量　　C. 单价　　D. 金额

5. 在汇总过程中，如果借方发生额合计等于贷方发生额合计，并不说明汇总过程一定正确，仍然可能存在的错误有（　　）。

A. 漏记或重复登记某张记账凭证

B. 借贷双方同时多计或少计某个金额

C. 借贷双方登记的方向完全相反

D. 记账凭证与科目汇总表登记的科目不一致

6. 账账核对包括（　　）。

A. 总账有关账户与其所属明细账之间的核对

B. 总账有关账户与日记账之间的核对

C. 各级明细账（如二级、三级明细账）与其所属明细账之间的核对

D. 会计部门的财产物资明细账与财产物资保管和使用部门的有关明细账之间的核对

7. 账实核对主要包括（　　）。

A. 现金日记账账面余额与库存现金实际结存数核对

B. 银行存款日记账账面余额与银行对账单核对

C. 各种财产物资明细账账面结存数与财产物资实存数核对

D. 各种应收、应付款明细账账面余额与有关债务、债权单位或者个人核对

四、实训操作

实训一

【实训目的】理解三栏式账簿的基本结构及其作用。

【资　　料】某公司根据 2019 年 1、2 月份会计凭证登记的银行存款日记账如图 7-1 所示。

银行存款日记账

户名：基本户　　账号：450016048513662135　　本账页次　本户页次 1

2019年 月	日	凭证 字	号	摘要	借方(收入)	√	贷方(付出)	√	借或贷	余额	√
1	1			上年结转						30000000	
	3	付	6	支付广告费			5000000			25000000	
	6	收	4	收到货款	8000000					33000000	
	7	付	9	上交税费			2000000			31000000	
	10	付	10	支付材料款			9000000				
	10	收	11	收到货款	12000000					34000000	
	22	付	17	支付办公用品款			500000			33500000	
	29	收	9	收回欠款	6500000					40000000	
				本月合计	26500000		16500000				
2	1			收到货款	6000000						
	1			支付运杂费			1600000				
	5	收	13	预收货款	10000000					44400000	
	7	付	16	上交税费			3000000			54400000	
	19	付	26	支付招待费			300000			51400000	
	22	收	42	收到货款	3000000					51100000	
	22	付	63	预付材料款			34000000			20100000	
	26	付	88	支付招待费			100000			20000000	
				本月合计	19000000		39000000				
				本年累计	45500000		55500000				

图7-1　银行存款日记账

【要　　求】根据图 7-1 完成以下填空。

（1）账簿名称是＿＿＿＿＿＿＿＿，账户名称是＿＿＿＿＿＿，账号是＿＿＿＿＿＿＿＿＿，该页是本账户的第＿＿＿＿页。

（2）2019 年 1 月，期初余额＿＿＿＿＿元，本月收入＿＿＿＿＿元，本月支出＿＿＿＿元，月末余额＿＿＿＿元。

（3）2019 年 2 月，期初余额＿＿＿＿＿元，本月发生收入业务＿＿＿＿笔，共收入＿＿＿＿＿元，发生支出业务＿＿＿＿笔，共支出＿＿＿＿元，月末余额＿＿＿＿元。

（4）本年期初余额＿＿＿＿＿元，1～2 月累计收入＿＿＿＿＿元、累计支出＿＿＿＿元；2 月期末余额＿＿＿＿＿元。

（5）2019 年 1 月 10 日收入＿＿＿＿＿元，记账凭证号是＿＿＿＿＿，款项内容是＿＿＿＿＿；2019 年 2 月 7 日支付＿＿＿＿＿元，记账凭证号是＿＿＿＿＿，款项内容是＿＿＿＿＿。

（6）2 月 19 日期末余额 = ＿＿＿＿＿ − ＿＿＿＿＿ = ＿＿＿＿＿（元）

（7）2 月 22 日期末余额 = ＿＿＿＿ + ＿＿＿＿ − ＿＿＿＿ = ＿＿＿＿（元）

实训二

【实训目的】理解数量金额式账簿的基本结构及其作用。

【资　　料】某公司 2019 年 8 月 31 日电冰箱的库存商品明细账如图 7-2 所示。

本账页次	
本户页次	5

库 存 商 品 明 细 账

品名规格　海王电冰箱 三门　　产地　深圳　　计量单位　台　　存放地点　2号仓库

2019年		凭证		摘要	借方（收入）			贷方（发出）			结存			保本期	保利期
月	日	字	号		数量	单价	金额（千百十万千百十元角分）	数量	单价	金额（千百十万千百十元角分）	数量	均价	金额（千百十万千百十元角分）		
				承前页							48	3 600.00	17280000		
7	23	转	55	销售				9	3 600.00	3240000					
	25	转	59	销售				16	3 600.00	5760000					
	29	转	71	销售				8	3 600.00	2880000	15	3 600.00	5400000		
				本月合计	120		43200000	131		47160000					
				本年累计	410		147600000	426		153360000					
8	4	转	13	购进	10	3 600 .00	3600000								
	6	转	16	销售				20	3 600.00	7200000					
	10	转	21	购进	30	3 600.00	10800000								
	16	转	33	购进	25	3 600.00	9000000								
	17	转	35	销售				16	3 600.00	5760000					
	17	转	36	销售				10	3 600.00	3600000					
	17	转	37	购进	15	3 600.00	5400000								
	25	转	49	销售				18	3 600.00	6480000					
	26	转	52	销售				22	3 600.00	7920000					
	31	转	68	购进	12	3 600.00	4320000				21	3 600.00	7560000		
				本月合计	92		33120000	86		30960000					
				本年累计	502		180720000	512		184320000					

图7-2　库存商品明细账

【要　　求】请根据图 7-2 所示的账簿记录完成以下填空：

（1）账簿名称是________________；明细账户名称是________________；该账页是本账户的第________页。

（2）2019 年 7 月共购进（收入）海王电冰箱__________台，合计金额__________元；共销售（发出）电冰箱__________台，合计金额__________元。

（3）2019 年 8 月共购进（收入）海王电冰箱__________台，合计金额__________元；共销售（发出）电冰箱__________台，合计金额__________元。

（4）2019 年期初结存海王电冰箱__________台，合计金额__________元；1～7 月共购进（收入）海王电冰箱__________台，合计金额__________元；共销售（发出）________台，合计金额________元；7 月 31 日结存________台，合计金额________元。

（5）1～8 月共购进（收入）海王电冰箱________台，合计金额________元；共销售（发出）________台，合计金额________元；8 月 31 日结存______台，合计金额________元。

（6）7 月 23 日结存海王电冰箱________台，合计金额________元。

（7）8 月 3 日结存海王电冰箱________台，合计金额________元。

（8）8 月 17 日结存海王电冰箱________台，合计金额________元。

【小提示】

以上第（4）、（5）题运用期末余额的计算公式推算。

实训三

【实训目的】理解总账与明细账的数量关系。

【资　　料】某公司 2019 年 1 月预收账款总账和明细账如图 7-3～图 7-5 所示。

总　　账

会计科目或户名　预收账款　　　　分页第 1 页 总页第___页

2019年 月	日	凭证编号 字	号	摘要	借方（亿千百十万千百十元角分）	√	贷方（亿千百十万千百十元角分）	√	借或贷	余额（亿千百十万千百十元角分）	√
1	1			上年结转					贷	25000000	
	12	转	26	货款转销	16600000				贷	8400000	
	21	收	23	预收货款			18000000		贷	26400000	
	26	转	76	货款转销	26200000				贷	200000	

图7-3　预收账款总账

预收账款 明细账

本账页次 | 本户页次 1

细目________ 户名 桂林恒生家电有限公司

2019年 月	日	记账凭证 字	号	摘要	借方 亿千百十万千百十元角分	√	贷方 亿千百十万千百十元角分	√	借或贷	余额 亿千百十万千百十元角分	√
1	1			上年结转					贷	10000000	
	12	转	26	电冰箱货款转销	9500000				贷	500000	
	21	收	23	预收彩电款			18000000		贷	18500000	
	26	转	76	彩电货款转销	17600000				贷	900000	

图7-4 预收账款明细账

预收账款 明细账

本账页次 | 本户页次 1

细目________ 户名 梧州佳华家电贸易有限公司

2019年 月	日	记账凭证 字	号	摘要	借方 亿千百十万千百十元角分	√	贷方 亿千百十万千百十元角分	√	借或贷	余额 亿千百十万千百十元角分	√
1	1			上年结转					贷	15000000	
	12	转	26	购进服装辅料款	7100000				贷	7900000	
	26	转	76	预付服装面料款	8600000				借	700000	

图7-5 预收账款明细账

【要　求】请根据图7-3～图7-5所示的账簿记录完成以下填空：

（1）2019年1月该公司预收账款期初余额为__________元，其中，预收桂林恒生家电有限公司为__________元，预收梧州佳华家电有限公司为__________元，合计__________元。

（2）本月该公司共预收（增加）__________元，本月共转销（减少）__________元，期末余额__________元，其中，桂林恒生家电有限公司为__________方余额，金额为__________元；梧州佳华家电贸易有限公司为__________方余额，金额为__________元，合计为__________方余额，金额为__________元。

（3）总账中转字26号记账凭证转销的金额共__________元，其中，桂林恒生家电有限公司为__________元，梧州佳华家电有限公司为__________元。

（4）总账中收字23号记账凭证预收的金额为__________元，是预收__________公司购买__________的货款。

（5）预收账款中，桂林恒生家电有限公司期初余额为__________元，本月预收（增加）__________元，本月转销（减少）__________元，期末为__________方余额，金额为__________元。

实训四

【实训目的】掌握科目汇总表的编制方法。

【资　　料】某公司 2019 年 1 月 1—10 日记账凭证的会计分录如图 7-6 所示。

记账凭证 字	记账凭证 号	会计分录
记	1	借：银行存款 23 400 贷：主营业务收入 20 000 应交税费 3 400
记	2	借：管理费用 560 贷：库存现金 560
记	3	借：库存现金 2 000 贷：银行存款 2 000
记	4	借：管理费用 860 贷：库存现金 860
记	5	借：原材料 40 000 应交税费 6 800 贷：银行存款 46 800
记	6	借：银行存款 58 500 贷：主营业务收入 50 000 应交税费 8 500
记	7	借：管理费用 320 贷：库存现金 320
记	8	借：银行存款 70 200 贷：主营业务收入 60 000 应交税费 10 200
记	9	借：原材料 12 000 应交税费 2 040 贷：预付账款 14 040
记	10	借：原材料 16 000 应交税费 2 720 贷：银行存款 18 720
记	11	借：管理费用 600 贷：库存现金 600
记	12	借：预付账款 120 000 贷：银行存款 120 000
记	13	借：原材料 25 000 应交税费 4 250 贷：预付账款 29 250
记	14	借：财务费用 25 000 贷：银行存款 25 000
记	15	借：银行存款 93 600 贷：主营业务收入 80 000 应交税费 13 600
记	16	借：管理费用 280 贷：库存现金 280
记	17	借：管理费用 5 600 贷：银行存款 5 600
记	18	借：销售费用 30 000 贷：银行存款 30 000
记	19	借：管理费用 450 贷：库存现金 450

图7-6　会计分录

【要　　求】

（1）根据记账凭证（会计分录），采用“丁”字账登记汇总各总分类账户的发生额及其借、贷方发生额合计数（如图 7-7 所示）。

（2）编制该公司 2019 年 1 月 1—10 日的科目汇总表，如表 7-1 所示。

借方 贷方 借方 贷方

借方 贷方 借方 贷方

借方 贷方 借方 贷方

图7-7 “丁”字账

借方　　　　贷方　　借方　　　　贷方

借方　　　　贷方

图7-7　“丁”字账（续）

表7-1　科目汇总表

自　　年　　月　　日至　　日　　　字第　　　号至第　　号　　　　　　金额单位：元

科目名称	借方	贷方	备注
库存现金			
银行存款			
预付账款			
原材料			
应交税费			
销售费用			
管理费用			
财务费用			
主营业务收入			
合计			

实训五

【实训目的】掌握总账的建账和登记方法。

【资　　料】

1. 记账凭证（会计分录）（如图 7-6 所示）和编制完成的科目汇总表（如表 7-1 所示）。

2. 2018 年 12 月 31 日总账账户期末余额情况如表 7-2 所示。

【要　　求】

（1）根据表 7-2 建立 2019 年总账，如图 7-8 ～图 7-18 所示。

（2）假如该公司采用“记账凭证核算程序”，请根据图 7-6 所示的记账凭证（会计分录）登记总账，如图 7-8 ～图 7-22 所示。

（3）假如该公司采用“科目汇总表核算程序”，请根据表 7-1 所示的科目汇总表登记总账，如图 7-23 ～图 7-31（没有发生额的账户略）。有期初余额的账户，请先登记期初余额。

（4）分别核对各账户的期末余额；讨论两种方法登记的结果和优缺点。

表7–2　2018年12月31日总账账户期末余额表

金额单位：元

会计科目	借方余额	贷方余额
库存现金	1 300.00	
银行存款	230 000.00	
预付账款	80 000.00	
原材料	160 000.00	
库存商品	320 000.00	
固定资产	1 200 000.00	
累计折旧		600 000.00
应交税费		13 600.00
实收资本		1 000 000.00
盈余公积		200 000.00
利润分配		177 700.00
合计	1 991 300.00	1 991 300.00

总　　账

会计科目或户名 库存现金　　　　分页第____页 总页第____页

年		凭证编号		摘要	借方											√	贷方											√	借或贷	余额											√
月	日	字	号		亿	千	百	十	万	千	百	十	元	角	分		亿	千	百	十	万	千	百	十	元	角	分			亿	千	百	十	万	千	百	十	元	角	分	

图7-8　总账

总　　账

会计科目或户名　银行存款　　　　分页第____页 总页第____页

年		凭证编号		摘要	借方											√	贷方											√	借或贷	余额											√
月	日	字	号		亿	千	百	十	万	千	百	十	元	角	分		亿	千	百	十	万	千	百	十	元	角	分			亿	千	百	十	万	千	百	十	元	角	分	

图7-9　总账

总　　账

会计科目或户名　预付账款　　　　分页第____页 总页第____页

年		凭证编号		摘要	借方											√	贷方											√	借或贷	余额											√
月	日	字	号		亿	千	百	十	万	千	百	十	元	角	分		亿	千	百	十	万	千	百	十	元	角	分			亿	千	百	十	万	千	百	十	元	角	分	

图7-10　总账

总　　账

会计科目或户名　原材料　　　　分页第____页 总页第____页

年		凭证编号		摘要	借方											√	贷方											√	借或贷	余额											√
月	日	字	号		亿	千	百	十	万	千	百	十	元	角	分		亿	千	百	十	万	千	百	十	元	角	分			亿	千	百	十	万	千	百	十	元	角	分	

图7-11　总账

总　　账

会计科目或户名 库存商品　　　　分页第____页 总页第____页

年		凭证编号		摘要	借方											√	贷方											√	借或贷	余额											√
月	日	字	号		亿	千	百	十	万	千	百	十	元	角	分		亿	千	百	十	万	千	百	十	元	角	分			亿	千	百	十	万	千	百	十	元	角	分	

图7-12　总账

总　　账

会计科目或户名 固定资产　　　　分页第____页 总页第____页

年		凭证编号		摘要	借方											√	贷方											√	借或贷	余额											√
月	日	字	号		亿	千	百	十	万	千	百	十	元	角	分		亿	千	百	十	万	千	百	十	元	角	分			亿	千	百	十	万	千	百	十	元	角	分	

图7-13　总账

总　　账

会计科目或户名 累计折旧　　　　分页第____页 总页第____页

年		凭证编号		摘要	借方											√	贷方											√	借或贷	余额											√
月	日	字	号		亿	千	百	十	万	千	百	十	元	角	分		亿	千	百	十	万	千	百	十	元	角	分			亿	千	百	十	万	千	百	十	元	角	分	

图7-14　总账

总　　账

会计科目或户名 应交税费　　　　分页第____页 总页第____页

年		凭证编号		摘要	借方											√	贷方											√	借或贷	余额											√
月	日	字	号		亿	千	百	十	万	千	百	十	元	角	分		亿	千	百	十	万	千	百	十	元	角	分			亿	千	百	十	万	千	百	十	元	角	分	

图7-15　总账

总　　账

会计科目或户名 实收资本　　　　分页第____页 总页第____页

年		凭证编号		摘要	借方											√	贷方											√	借或贷	余额											√
月	日	字	号		亿	千	百	十	万	千	百	十	元	角	分		亿	千	百	十	万	千	百	十	元	角	分			亿	千	百	十	万	千	百	十	元	角	分	

图7-16　总账

总　　账

会计科目或户名 盈余公积　　　　分页第____页 总页第____页

年		凭证编号		摘要	借方											√	贷方											√	借或贷	余额											√
月	日	字	号		亿	千	百	十	万	千	百	十	元	角	分		亿	千	百	十	万	千	百	十	元	角	分			亿	千	百	十	万	千	百	十	元	角	分	

图7-17　总账

总　　账

会计科目或户名 利润分配　　　　分页第____页 总页第____页

年		凭证编号		摘要	借方											√	贷方											√	借或贷	余额											√
月	日	字	号		亿	千	百	十	万	千	百	十	元	角	分		亿	千	百	十	万	千	百	十	元	角	分			亿	千	百	十	万	千	百	十	元	角	分	

图7-18　总账

总　　账

会计科目或户名 主营业务收入　　　　分页第____页 总页第____页

年		凭证编号		摘要	借方											√	贷方											√	借或贷	余额											√
月	日	字	号		亿	千	百	十	万	千	百	十	元	角	分		亿	千	百	十	万	千	百	十	元	角	分			亿	千	百	十	万	千	百	十	元	角	分	

图7-19　总账

总　　账

会计科目或户名 销售费用　　　　分页第____页 总页第____页

年		凭证编号		摘要	借方											√	贷方											√	借或贷	余额											√
月	日	字	号		亿	千	百	十	万	千	百	十	元	角	分		亿	千	百	十	万	千	百	十	元	角	分			亿	千	百	十	万	千	百	十	元	角	分	

图7-20　总账

总　　账

会计科目或户名 管理费用　　　　分页第____页 总页第____页

年		凭证编号		摘要	借方											√	贷方											√	借或贷	余额											√
月	日	字	号		亿	千	百	十	万	千	百	十	元	角	分		亿	千	百	十	万	千	百	十	元	角	分			亿	千	百	十	万	千	百	十	元	角	分	

图7-21　总账

总　　账

会计科目或户名 财务费用　　　　分页第____页 总页第____页

年		凭证编号		摘要	借方											√	贷方											√	借或贷	余额											√
月	日	字	号		亿	千	百	十	万	千	百	十	元	角	分		亿	千	百	十	万	千	百	十	元	角	分			亿	千	百	十	万	千	百	十	元	角	分	

图7-22　总账

总　　账

会计科目或户名 库存现金　　　　分页第____页 总页第____页

年		凭证编号		摘要	借方											√	贷方											√	借或贷	余额											√
月	日	字	号		亿	千	百	十	万	千	百	十	元	角	分		亿	千	百	十	万	千	百	十	元	角	分			亿	千	百	十	万	千	百	十	元	角	分	
1	1			上年结转																															1	3	0	0	0	0	

图7-23　总账

总　　　　账

会计科目或户名 银行存款　　　　分页第____页 总页第____页

年		凭证编号		摘要	借方（亿千百十万千百十元角分）	√	贷方（亿千百十万千百十元角分）	√	借或贷	余额（亿千百十万千百十元角分）	√
月	日	字	号								
1	1			上年结转						23000000	

图7-24　总账

总　　　　账

会计科目或户名 预付账款　　　　分页第____页 总页第____页

年		凭证编号		摘要	借方（亿千百十万千百十元角分）	√	贷方（亿千百十万千百十元角分）	√	借或贷	余额（亿千百十万千百十元角分）	√
月	日	字	号								
1	1			上年结转						8000000	

图7-25　总账

总　　　　账

会计科目或户名 应交税费　　　　分页第____页 总页第____页

年		凭证编号		摘要	借方（亿千百十万千百十元角分）	√	贷方（亿千百十万千百十元角分）	√	借或贷	余额（亿千百十万千百十元角分）	√
月	日	字	号								
1	1			上年结转						1360000	

图7-26　总账

总　　账

会计科目或户名 原材料　　　　分页第____页 总页第____页

年		凭证编号		摘要	借方											√	贷方											√	借或贷	余额											√
月	日	字	号		亿	千	百	十	万	千	百	十	元	角	分		亿	千	百	十	万	千	百	十	元	角	分			亿	千	百	十	万	千	百	十	元	角	分	
1	1			上年结转																													1	6	0	0	0	0	0	0	

图7-27　总账

总　　账

会计科目或户名 主营业务收入　　　　分页第____页 总页第____页

年		凭证编号		摘要	借方											√	贷方											√	借或贷	余额											√
月	日	字	号		亿	千	百	十	万	千	百	十	元	角	分		亿	千	百	十	万	千	百	十	元	角	分			亿	千	百	十	万	千	百	十	元	角	分	

图7-28　总账

总　　账

会计科目或户名 销售费用　　　　分页第____页 总页第____页

年		凭证编号		摘要	借方											√	贷方											√	借或贷	余额											√
月	日	字	号		亿	千	百	十	万	千	百	十	元	角	分		亿	千	百	十	万	千	百	十	元	角	分			亿	千	百	十	万	千	百	十	元	角	分	

图7-29　总账

总　　　　账

会计科目或户名　管理费用　　　　　　　　　　分页第____页　总页第____页

年		凭证编号		摘要	借方											√	贷方											√	借或贷	余额											√
月	日	字	号		亿	千	百	十	万	千	百	十	元	角	分		亿	千	百	十	万	千	百	十	元	角	分			亿	千	百	十	万	千	百	十	元	角	分	

图7-30　总账

总　　　　账

会计科目或户名　财务费用　　　　　　　　　　分页第____页　总页第____页

年		凭证编号		摘要	借（收入）方											√	贷（付出）方											√	借或贷	余额											√
月	日	字	号		亿	千	百	十	万	千	百	十	元	角	分		亿	千	百	十	万	千	百	十	元	角	分			亿	千	百	十	万	千	百	十	元	角	分	

图7-31　总账

实训六

【实训目的】掌握总账账户期末余额试算平衡表编制方法。

【资　　料】登记完成的图 7-8 ～图 7-22。

【要　　求】根据图 7-8 ～图 7-22 各账户的 2019 年 1 月 10 日期末余额编制期末余额试算平衡表，如表 7-3 所示。

表7–3　总账账户期末余额试算平衡表

金额单位：元

会计科目	借方余额	贷方余额
库存现金		
银行存款		

续表

会计科目	借方余额	贷方余额
预付账款		
原材料		
库存商品		
固定资产		
累计折旧		
应交税费		
实收资本		
盈余公积		
利润分配		
主营业务收入		
销售费用		
管理费用		
财务费用		
合　计		

实训七

【实训目的】掌握日记账的登记方法。

【资　　料】如图 7-6 所示的记账凭证（会计分录）。

【要　　求】请根据图 7-6 所示的记账凭证（会计分录）登记现金日记账（如图 7-32 所示）和银行存款日记账（如图 7-33 所示），并将余额与总账核对是否相符。

现　金　日　记　账

本账页次	
本户页次	1

户名

2019年		凭证		摘　要	借方（收入）											√	贷方（付出）											√	余　额											√
月	日	字	号		亿	千	百	十	万	千	百	十	元	角	分		亿	千	百	十	万	千	百	十	元	角	分		亿	千	百	十	万	千	百	十	元	角	分	
1	1			上年结转																														1	3	0	0	0	0	

图7-32　现金日记账

银行存款日记账

户名：基本户　　账号：450016048513663625

本账页次	
本户页次	1

2019年		凭证		摘要	借方（收入）											√	贷方（付出）											√	余额											√
月	日	字	号		亿	千	百	十	万	千	百	十	元	角	分		亿	千	百	十	万	千	百	十	元	角	分		亿	千	百	十	万	千	百	十	元	角	分	
1	1			上年结转																												2	3	0	0	0	0	0	0	

图7-33　银行存款日记账

项目八

财 产 清 查

一、单项选择题

1. 财产清查的一般程序不包括（ ）。

A. 建立财产清查组织　B. 制定清查方案

C. 编制复查报告　D. 根据盘存清单，填制实物、往来账项清查结果报告表

2. 某企业在遭受洪灾后，对其受损的财产物资进行清查，这属于（ ）。

A. 局部清查和定期清查　B. 全面清查和定期清查

C. 局部清查和不定期清查　D. 全面清查和不定期清查

3. 企业在编制年度财务会计报告时，一般应进行（ ）。

A. 重点清查　B. 全面清查　C. 局部清查　D. 抽样清查

4. 一般来说，在企业进行清产核资时，应对财产进行（ ）。

A. 全面清查　B. 局部清查　C. 实地盘点　D. 定期清查

5. 对财产清查结果进行正确账务处理的主要目的是保证（ ）。

A. 账表相符　B. 账账相符　C. 账实相符　D. 账证相符

6. 对往来款项进行清查，应该采用的方法是（ ）。

A. 技术推算法　B. 与银行核对账目法　C. 实地盘存法　D. 发函询证法

7. 银行存款常用的清查方法是（ ）。

A. 实地盘点法　B. 账单核对法　C. 技术推算法　D. 发函询证法

8. 库存现金实存数额的清查是通过（ ）进行的。

A. 实地盘点法　B. 账账核对法　C. 技术分析法　D. 征询法

9. 关于现金的清查，下列说法不正确的是（ ）。

A. 在清查小组盘点现金时，出纳人员必须在场

B. “现金盘点报告表”只需要清查人员签字盖章

C. 要根据“现金盘点报告表”进行账务处理

D. 库存现金实存数额的清查应采用实地盘点法

二、多项选择题

1. 财产清查的对象一般包括（　　）。

A. 财产物资　　B. 债权债务　　C. 交易性金融资产　　D. 无形资产

2. 年终决算之前，为确保年终决算会计信息的真实和准确，需要进行的财产清查是（　　）。

A. 全面清查　　B. 局部清查　　C. 定期清查　　D. 不定期清查

3. 下列需要进行全面财产清查的情况有（　　）。

A. 年终决算之前　　B. 企业股份制改制前

C. 更换财产物资、库存现金保管人员时　　D. 单位财务科长调离时

4. 下列各项中，可以采用实地盘点法进行清查的有（　　）。

A. 库存现金　　B. 银行存款　　C. 库存商品　　D. 固定资产

5. 以下属于银行存款未达账项的有（　　）。

A. 企业已收，银行已收　　B. 企业已付，银行未付

C. 企业已收，银行未收　　D. 银行已付，企业未付

6. 以下资产可以采用发函询证方法进行清查的有（　　）。

A. 原材料　　B. 应付账款　　C. 固定资产　　D. 应收账款

7. 由于仓库保管人员变动所进行的财产清查属于（　　）。

A. 全面清查　　B. 不定期清查　　C. 定期清查　　D. 局部清查

三、判断题

1. 对于财产清查过程中发现的盘盈或盘亏，应及时调整账面记录以保证账实相符。（　　）

2.“银行存款余额调节表”编制完成后，可以作为调整企业银行存款余额的原始凭证。（　　）

3. 库存现金进行清查时，出纳人员需要回避。（　　）

4. 实地盘存制，是指企业对各项财产物资收入和发出的数量和金额，都必须根据原始凭证和记账凭证在有关账簿中进行连续登记，并随时结出账面余额的一种盘存制度。（　　）

5. 不定期清查，既可以是全面清查，也可以是局部清查。（　　）

四、业务核算题

某企业 2019 年 8 月发生以下财产盘盈、盘亏的经济业务，请根据经济业务分别编制审批前和审批后的会计分录。

（1）现金清查中，发现库存现金较账面余额多出 900 元。经查，其中 600 元为应付

A 单位的款项，其余部分原因不明。

（2）现金清查中，发现库存现金较账面余额短缺 600 元。经查，短缺的 400 元属于出纳员李丽的责任，责任人赔偿，其余由管理不善造成。

（3）某企业财产清查中，发现盘盈甲材料 3 000 元，经查，是由收发计量错误所致。

（4）某企业盘亏乙材料 3 000 元，经查明部分是由于保管人员过失造成的材料毁损，应由过失人赔偿 2 000 元，其余为自然灾害造成，假设不考虑增值税因素。

项目九

编制会计报表

【项目目标】

1. 能说出会计报表的意义。

2. 能说出会计报表的种类。

3. 会编制资产负债表。

4. 会编制利润表。

一、填空题

1. 会计报表是总括反映企业某一特定日期__________或某一会计期间的__________、__________等会计信息的文件。

2. 企业会计报表主要包括__________、__________和__________。

3. 资产负债表是反映企业在某一特定日期__________的报表。它反映了企业全部__________、__________和__________的金额及其结构情况。

4. 资产负债表左、右两方各项目按适当的顺序排列，资产项目按其流动性排列，流动性__________（大、小）的排在前，流动性__________（大、小）的排在后；负债项目按其到期日的远近排列，到期日__________（远、近）的排在前，到期日__________（远、近）的排在后；所有者权益项目按其永久性程度的高低排列，永久性程度__________（高、低）的排在前，永久性程度__________（高、低）的排在后。

5. 利润表是反映企业在一定会计期间__________的报表。它把一定会计期间的__________与同一会计期间相关的__________、__________进行配比，以计算出企业一定时期的净利润（或净亏损）。

6. 利润表的结构有__________和__________两种。

7. 利润表的“本期金额”栏反映各项目的本年累计发生额，填列__________至__________累计发生额。“上期金额”栏反映各项目的上年同期累计发生额，填列__________至__________的累计发生额。

二、单项选择题

1. 资产负债表是反映企业在某一特定日期（　　）的报表。

A. 财务状况　　B. 经营成果　　C. 现金流量　　D. 资产状况

2. 资产负债表中“年初余额”栏各项的数字，应按上年年末资产负债表中（　　）栏中的数字填列。

A. 年初余额　　B. 期末余额　　C. 资产状况　　D. 现金流量

3. 利润表是反映企业在一定会计期间（　　）的报表。

A. 财务状况　　B. 经营成果　　C. 现金流量　　D. 资产状况

4. 我国企业利润表采用（　　）结构。

A. 单步式　　B. 三步式　　C. 多步式　　D. 综合式

三、多项选择题

1. 在编制资产负债表时，下列项目属于根据对应的总分类账户期末余额直接填列的有（　　）。

A. 应收票据　　B. 短期借款　　C. 应交税费　　D. 资本公积

2. 在编制资产负债表时，下列项目属于根据两个或两个以上的总分类账户期末余额计算填列的有（　　）。

A. 货币资金　　B. 存货　　C. 未分配利润　　D. 盈余公积

3. 在编制资产负债表时，下列项目属于根据有关明细分类账户期末余额计算填列的有（　　）。

A. 应收利息　　B. 应收账款　　C. 应付账款　　D. 应付利息

4. 在编制资产负债表时，下列项目属于根据总分类账户和明细分类账期末余额分析计算填列的有（　　）。

A. 长期待摊费用　　B. 长期应收款　　C. 长期借款　　D 长期应付款

四、实训操作

实训一

【实训目的】编制资产负债表。

【资　　料】

（1）2018 年 12 月 31 日资产负债表，如表 9-1 所示。

（2）2019 年 6 月 30 日总账及相关明细账账户期末余额情况表，如表 9-2 所示。

【要　　求】根据资料编制 2019 年 6 月的资产负债表，如表 9-3 所示。

表9-1　资产负债表

会企01表

编制单位：南华市安居家具有限公司　　　2018年12月31日　　　金额单位：元

资产	期末余额	年初余额	负债和所有者权益（或股东权益）	期末余额	年初余额
流动资产：			流动负债：		
货币资金	168 000.00	264 000.00	短期借款	400 000.00	600 000.00
交易性金融资产			交易性金融负债		
应收票据	200 000.00	86 000.00	应付票据	460 000.00	320 000.00
应收账款	130 000.00	260 000.00	应付账款	300 000.00	220 000.00
预付款项	320 000.00	280 000.00	预收款项	200 000.00	
应收利息			应付职工薪酬		
应收股利			应交税费	113 000.00	82 000.00
其他应收款	6 000.00	16 000.00	应付利息		
存货	1 200 000.00	960 000.00	应付股利		
一年内到期的非流动资产			其他应付款	9 000.00	15 000.00
其他流动资产			一年内到期的非流动负债		
流动资产合计	2 024 000.00	1 866 000.00	其他流动负债		
非流动资产：			流动负债合计	1 482 000.00	1 237 000.00
可供出售金融资产			非流动负债：		
持有至到期投资			长期借款		500 000.00
长期应收款			应付债券		
长期股权投资			长期应付款		
投资性房地产			专项应付款		
固定资产	2 600 000.00	2 000 000.00	预计负债		
在建工程			递延所得税负债		
工程物资			其他非流动负债		
固定资产清理			非流动负债合计	0.00	500 000.00
生产性生物资产			负债合计	1 482 000.00	1 737 000.00
油气资产			所有者权益（或股东权益）：		
无形资产			实收资本（或股本）	2 000 000.00	1 500 000.00
开发支出			资本公积	300 000.00	200 000.00
商誉			减：库存股		
长期待摊费用			盈余公积	450 000.00	220 000.00
递延所得税资产			未分配利润	392 000.00	209 000.00
其他非流动资产			所有者权益（或股东权益）合计	3 142 000.00	2 129 000.00
非流动资产合计	2 600 000.00	2 000 000.00			
资产总计	4 624 000.00	3 866 000.00	负债和所有者权益（或股东权益）总计	4 624 000.00	3 866 000.00

表9-2 2019年6月30日总账及相关明细账账户期末余额情况表

编制单位：南华市安居家具有限公司　　　　金额单位：元

科目名称	期末余额		科目名称	期末余额	
	借方	贷方		借方	贷方
库存现金	960.00		短期借款		1 200 000.00
银行存款	420 000.00		应付票据		200 000.00
其他货币资金	30 000.00		应付账款		180 000.00
应收票据	200 000.00		预收账款		160 000.00
应收账款	250 000.00		应交税费		137 960.00
预付账款	300 000.00		其他应付款		14 000.00
其他应收款	8 000.00		实收资本		2 000 000.00
在途物资	130 000.00		资本公积		300 000.00
原材料	660 000.00		盈余公积		450 000.00
库存商品	520 000.00		本年利润		285 000.00
固定资产	3 600 000.00		利润分配		392 000.00
累计折旧		800 000.00			
合　计	6 118 960.00	800 000.00		0.00	5 318 960.00

表9-3 资产负债表

会企01表

编制单位：南华市安居家具有限公司　　2019年6月30日　　金额单位：元

资产	期末余额	年初余额	负债和所有者权益（或股东权益）	期末余额	年初余额
流动资产：			流动负债：		
货币资金			短期借款		
交易性金融资产			交易性金融负债		
应收票据			应付票据		
应收账款			应付账款		
预付款项			预收款项		
应收利息			应付职工薪酬		
应收股利			应交税费		
其他应收款			应付利息		
存货			应付股利		
一年内到期的非流动资产			其他应付款		
其他流动资产			一年内到期的非流动负债		
流动资产合计			其他流动负债		
非流动资产：			流动负债合计		
可供出售金融资产			非流动负债：		

续表

资产	期末余额	年初余额	负债和所有者权益（或股东权益）	期末余额	年初余额
持有至到期投资			长期借款		
长期应收款			应付债券		
长期股权投资			长期应付款		
投资性房地产			专项应付款		
固定资产			预计负债		
在建工程			递延所得税负债		
工程物资			其他非流动负债		
固定资产清理			非流动负债合计		
生产性生物资产			负债合计		
油气资产			所有者权益（或股东权益）：		
无形资产			实收资本（或股本）		
开发支出			资本公积		
商誉			减：库存股		
长期待摊费用			盈余公积		
递延所得税资产			未分配利润		
其他非流动资产			所有者权益（或股东权益）合计		
非流动资产合计					
资产总计			负债和所有者权益（或股东权益）总计		

实训二

【实训目的】编制利润表。

【资　　料】

（1）2019 年 6 月利润表，如表 9-4 所示。

（2）2019 年 1 ～ 6 月损益类账户累计发生额，如表 9-5 所示。

【要　　求】根据资料编制 2019 年 6 月的利润表，如表 9-6 所示。

表9–4　利　润　表

会企02表

编制单位：南华市安居家具有限公司　　2019年6月　　金额单位：元

项目	本期金额	上期金额
一、营业收入	8 900 000.00	7 600 000.00
减：营业成本	7 400 000.00	6 300 000.00
税金及附加	160 000.00	130 000.00

续表

项目	本期金额	上期金额
销售费用	320 000.00	260 000.00
管理费用	420 000.00	380 000.00
财务费用	180 000.00	120 000.00
资产减值损失		
加：公允价值变动收益（损失以“-”号填列）		
投资收益（损失以“-”号填列）		
其中：对联营企业和合营企业的投资收益		
二、营业利润（亏损以“-”号填列）	420 000.00	410 000.00
加：营业外收入	86 000.00	60 000.00
减：营业外支出	130 000.00	160 000.00
其中：非流动资产处置损失		
三、利润总额（亏损总额以“-”号填列）	376 000.00	310 000.00
减：所得税费用	94 000.00	77 500.00
四、净利润（净亏损以“-”号填列）	282 000.00	232 500.00
五、每股收益：		
（一）基本每股收益		
（二）稀释每股收益		

表9-5 2019年1—6月损益类账户累计发生额

金额单位：元

科目名称	借方发生额	贷方发生额
主营业务收入		10 200 000.00
主营业务成本	8 560 000.00	
税金及附加	190 000.00	
销售费用	360 000.00	
管理费用	480 000.00	
财务费用	250 000.00	
其他业务收入		380 000.00
其他业务成本	290 000.00	
营业外收入		90 000.00
营业外支出	160 000.00	
所得税费用	95 000.00	
合计	10 385 000.00	10 670 000.00

表9-6 利 润 表

会企02表

编制单位：　　　　　　　　　　年　　月　　　　　　　　　　金额单位：元

项目	本期金额	上期金额
一、营业收入		
减：营业成本		
税金及附加		
销售费用		
管理费用		
财务费用		
资产减值损失		
加：公允价值变动收益（损失以“-”号填列）		
投资收益（损失以“-”号填列）		
其中：对联营企业和合营企业的投资收益		
二、营业利润（亏损以“-”号填列）		
加：营业外收入		
减：营业外支出		
其中：非流动资产处置损失		
三、利润总额（亏损总额以“-”号填列）		
减：所得税费用		
四、净利润（净亏损以“-”号填列）		
五、每股收益：		
（一）基本每股收益		
（二）稀释每股收益		

项目十

综合业务处理案例

【项目目标】

全面、系统地掌握会计核算业务的处理方法和业务操作流程。

【资　　料】

本案例以南华佳丽服装有限公司 2019 年 1 月的经济业务为背景，相关资料如下：

一、企业概况

企 业 名 称：南华佳丽服装有限公司

地　　　址：南华市星光大道 666 号

联 系 电 话：0771—68693699

法定代表人：隆剑锋

注 册 资 本：200 万元

企 业 类 型：有限责任公司

经 营 范 围：生产、销售各种服装

机 构 设 置：生产车间、办公室、供应部、销售部、后勤部、财务部

开户银行及账号：

开 户 银 行：中国建设银行南华市星光支行

账号（基本户）：450016048513666226

纳税人识别号：4501223165605339

有关岗位人员：

财务部经理：阳莉红

会计（兼开票员）：丛剑华

会计（兼复核）：裴玉梅

出纳员：易建霞

二、主要会计政策

（一）会计制度

执行《企业会计准则》，参阅《企业会计准则——应用指南》。

（二）税率、费率标准

增值税税率：13%

企业所得税税率：25%

（三）利润分配标准

（1）按税后利润的10%提取法定盈余公积。

（2）按税后利润的5%提取任意盈余公积。

（3）1—11月不分配。

（四）其他规定

（1）单位耗用的水电费，每月按受益对象的实际耗用分配预提，于下月支付给水电部门。

（2）统一采用通用记账凭证格式；记账凭证编号不分类，统一按顺序编号，如“记”字××号。

（3）采用记账凭证核算程序。

三、主要生产产品

（一）主要产品

西服、夹克。

（二）主要原材料

纯毛面料、里布、粗纺棉料、辅助材料（包括垫肩、拉链、纽扣、缝纫线、包装物等）。

四、相关资料

（一）上年报表资料

（1）2018年12月31日资产负债表，如表10-1所示。

（2）2019年1月利润表，如表10-2所示。

表10-1　资产负债表

会企01表

编制单位：南华佳丽服装有限公司　　2018年12月31日　　金额单位：元

资产	期末余额	年初余额	负债和所有者权益（或股东权益）	期末余额	年初余额
流动资产：			流动负债：		
货币资金	96 560.00	168 000.00	短期借款	1 000 000.00	800 000.00
交易性金融资产			交易性金融负债		
应收票据		300 000.00	应付票据		
应收账款		60 000.00	应付账款	13 600.00	36 000.00

续表

资产	期末余额	年初余额	负债和所有者权益（或股东权益）	期末余额	年初余额
预付款项	740 000.00	120 000.00	预收款项	600 000.00	450 000.00
应收利息			应付职工薪酬		
应收股利			应交税费	60 000.00	132 000.00
其他应收款		5 000.00	应付利息		
存货	2 092 680.00	1 630 000.00	应付股利		
一年内到期的非流动资产			其他应付款	0.00	0.00
其他流动资产			一年内到期的非流动负债		
流动资产合计	2 929 240.00	2 283 000.00	其他流动负债		
非流动资产：			流动负债合计	1 673 600.00	1 418 000.00
可供出售金融资产			非流动负债：		
持有至到期投资			长期借款		
长期应收款			应付债券		
长期股权投资			长期应付款		
投资性房地产			专项应付款		
固定资产	1 932 000.00	2 585 000.00	预计负债		
在建工程			递延所得税负债		
工程物资			其他非流动负债		
固定资产清理			非流动负债合计	0.00	0.00
生产性生物资产			负债合计	1 673 600.00	1 418 000.00
油气资产			所有者权益（或股东权益）：		
无形资产			实收资本（或股本）	2 300 000.00	1 600 000.00
开发支出			资本公积	200 000.00	650 000.00
商誉			减：库存股		
长期待摊费用			盈余公积	80 000.00	340 000.00
递延所得税资产			未分配利润	607 640.00	860 000.00
其他非流动资产			所有者权益（或股东权益）合计	3 187 640.00	3 450 000.00
非流动资产合计	1 932 000.00	2 585 000.00			
资产总计	4 861 240.00	4 868 000.00	负债和所有者权益（或股东权益）总计	4 861 240.00	4 868 000.00

表10–2　利　润　表

会企02表

编制单位：南华佳丽服装有限公司　　2019年1月　　金额单位：元

项目	本期金额	上期金额
一、营业收入	1 400 000.00	1 260 000.00
减：营业成本	1 080 000.00	1 062 000.00

续表

项目	本期金额	上期金额
税金及附加	18 000.00	23 100.00
销售费用	45 000.00	65 600.00
管理费用	98 000.00	87 500.00
财务费用	10 000.00	8 000.00
资产减值损失		
加：公允价值变动收益（损失以“-”号填列）		
投资收益（损失以“-”号填列）		
其中：对联营企业和合营企业的投资收益		
二、营业利润（亏损以“-”号填列）	149 000.00	13 800.00
加：营业外收入	20 000.00	60 000.00
减：营业外支出	16 000.00	36 000.00
其中：非流动资产处置损失		
三、利润总额（亏损总额以“-”号填列）	153 000.00	37 800.00
减：所得税费用	38 250.00	9 450.00
四、净利润（净亏损以“-”号填列）	114 750.00	28 350.00
五、每股收益：		
（一）基本每股收益		
（二）稀释每股收益		

（二）期初资料

2018 年 12 月 31 日总账及其相关明细账余额情况如表 10-3 ～表 10-6 所示。

表10-3　2018年12月31日账户期末余额情况表

金额单位：元

总账账户	明细账账户	总账余额		明细账余额	
		借方	贷方	借方	贷方
库存现金		560.00		560.00	
银行存款	基本户	96 000.00		96 000.00	
预付账款	深圳市新星布业有限公司	740 000.00		740 000.00	
原材料	见附表	410 000.00		410 000.00	
库存商品	见附表	1 375 000.00		1 375 000.00	
固定资产	略	2 600 000.00		2 600 000.00	
累计折旧	略		668 000.00		668 000.00
短期借款	略		1 000 000.00		1 000 000.00
应付账款	略		13 600.00		13 600.00
预收账款	贵港市港南服装有限公司		600 000.00		600 000.00
应交税费	略		60 000.00		60 000.00
实收资本	略		2 300 000.00		2 300 000.00
资本公积	略		200 000.00		200 000.00

续表

总账账户	明细账账户	总账余额		明细账余额	
		借方	贷方	借方	贷方
盈余公积	略		80 000.00		80 000.00
利润分配	未分配利润		607 640.00		607 640.00
生产成本	见附表	307 680.00		307 680.00	
合计		5 529 240.00	5 529 240.00	5 529 240.00	5 529 240.00

表10-4　2018年12月31日原材料期末结存明细表

金额单位：元

材料名称	型号规格	计量单位	数量	单价	金额
纯毛面料		米	4 000	50.00	200 000.00
粗纺棉料		米	2 000	40.00	80 000.00
里布		米	3 000	10.00	30 000.00
辅助材料		元			100 000.00
合计					410 000.00

表10-5　2018年12月31日库存商品期末结存明细表

金额单位：元

商品品名	型号规格	计量单位	数量	单价	金额
西服		套	3 500	200.00	700 000.00
夹克		件	4 500	150.00	675 000.00
合计					1 375 000.00

表10-6　2018年12月31日生产成本期末结存明细表

产品名称	直接材料	直接人工	制造费用	合计
西服	138 000.00	20 730.00	5 486.00	164 216.00
夹克	105 000.00	22 980.00	15 484.00	143 464.00
合计	243 000.00	43 710.00	20 970.00	307 680.00

（三）其他资料

（1）2019 年 1 月产品生产机械工时统计表如表 10-7 所示。

（2）2019 年 1 月产品生产完工情况表如表 10-8 所示。

表10-7　2019年1月产品生产机械工时统计表

产品品名	计量单位	数量	备注
西服	工时	30 000	
夹克	工时	20 000	
合计		50 000	

表10-8　2019年1月产品生产完工情况表

编制日期：2019年1月31日

产品名称	计量单位	月初在产品	本月投产	本月完工	月末在产品
西服	套	1 000	3 000	4 000	0
夹克	件	1 000	4 000	5 000	0

五、2019 年 1 月发生的经济业务

（1）购进原材料并验收入库，货款已预付。原始凭证如图 10-1 ～图 10-3 所示。

广东省增值税专用发票

4400102140　　发票联　　NO：3834486

开票日期2019年1月1日

购货单位		密码区	
名　　称：	南华佳丽服装有限公司	03**263>>0821927-8303	加密版本：01
纳税人识别号：	4501223165605339	-5215895---669*>7873/	
地 址、电 话：	南华市星光大道666号0771－68693699	37315/6*2-+505/32+78	4300062620
开户行及账号：	建行南华星光支行 450016048513666226	+48-4*1850164907>>>/	03948082

货物或应税劳务名称	规格型号	单位	数量	单价	金额	税率	税额
纯毛面料		米	4 000	51.769 9	207 079.65	13%	26 920.35
粗纺棉料		米	8 000	41.415 9	331 027.43	13%	43 072.57
里布		米	10 000	10.354 0	103 539.82	13%	13 460.18
合　计					¥641 946.90		¥ 83 453.10
价税合计（大写）	⊗柒拾贰万伍仟肆佰元整					小写：¥725 400.00	

销货单位		备注
名　　称：	深圳市新星布业有限公司	冲减预收款
纳税人识别号：	6620322316517263	
地 址、电 话：	深圳市星源路413号　0755-25167832	
开户行及账号：	建行深圳宜峰支行620316048513645876	

收款人：　　复核：苏丽红　　开票人：江晓艳　　销货单位：（章）

第二联：购货方记账凭证

图10-1　增值税专用发票

广东省增值税专用发票

4400102140　　抵扣联　　NO：3834486

开票日期2019年1月1日

购货单位		密码区	
名　　称：	南华佳丽服装有限公司	03**263>>0821927-8303	加密版本：01
纳税人识别号：	4501223165605339	-5215895---669*>7873/	
地 址、电 话：	南华市星光大道666号0771－68693699	37315/6*2-+505/32+78	4300062620
开户行及账号：	建行南华星光支行 450016048513666226	+48-4*1850164907>>>/	03948082

货物或应税劳务名称	规格型号	单位	数量	单价	金额	税率	税额
纯毛面料		米	4 000	51.769 9	207 079.65	13%	26 920.35
粗纺棉料		米	8 000	41.415 9	331 027.43	13%	43 072.57
里布		米	10 000	10.354 0	103 539.82	13%	13 460.18
合　计					¥ 641 946.90		¥ 83 453.10
价税合计（大写）	⊗柒拾贰万伍仟肆佰元整					小写：¥725 400.00	

销货单位		备注
名　　称：	深圳市新星布业有限公司	冲减预收款
纳税人识别号：	6620322316517263	
地 址、电 话：	深圳市星源路413号　0755-25167832	
开户行及账号：	建行深圳宜峰支行620316048513645876	

收款人：　　复核：苏丽红　　开票人：江晓艳　　销货单位：（章）

第三联：购货方抵扣凭证

图10-2　增值税专用发票

材 料 入 库 单

供货单位：深圳市新星布业有限公司　　2019 年 1 月 1 日　　金额单位：元

品名	型号规格	产地	计量单位	单价	应收数			实收数			盈亏数（十、一）		
					件数	数量	金额	件数	数量	金额	件数	数量	金额
纯毛面料		深圳	米	51.77		4 000	207 079.65		4 000	207 079.65			
粗纺棉料		深圳	米	41.42		8 000	331 327.43		8 000	331 327.43			
里布		深圳	米	10.35		10 000	103 539.82		10 000	103 539.82			
合　计							641 946.90			641 946.90			
备　注													

复核：　会计：裴玉梅　验收：阮玉刚　制单：温建南

第三联：财务记账

图10-3　材料入库单

（2）生产领用材料，如图 10-4 和图 10-5 所示。

领　料　单

领料部门　生产车间

生产单号

制品名称　西服

2019 年 1 月 1 日　　No:2004562

制品数量 3 000　　制品用途

编号	品名	规格	计量单位	单价	请领数量	实发数量	金额
	纯毛面料		米	50	7 800	7 800	390 000.00
	里布		米	10	4 800	4 800	48 000.00
	辅助材料		元				36 000.00
附件　张					合计		474 000.00
备　注							

主管 容勇康　会计　发料 利春红　领料 余方春　制单 单建林

第三联：财务记账

图10-4　领料单

领　料　单

领料部门　生产车间

生产单号

制品名称　夹克

2019 年 1 月 1 日　　No:2004562

制品数量 5 000　　制品用途

编号	品名	规格	计量单位	单价	请领数量	实发数量	金额
	粗纺棉料		米	40	9 000	9 000	360 000.00
	里布		米	10	8 000	8 000	80 000.00
	辅助材料		元				50 000.00
附件　张					合计		490 000.00
备　注							

主管 容勇康　会计　发料 利春红　领料 余方春　制单 单建林

第三联：财务记账

图10-5　领料单

（3）销售产品，收到货款。原始凭证如图 10-6 ～图 10-8 所示。

南华市增值税专用发票

记账联

4500[illegible]

NO： 6236856

开票日期2019年1月6日

购货单位	名　　称：南华市兴华贸易有限公司 纳税人识别号：4501223165601423 地 址、电 话：南华市青山路623号0771-96347852 开户行及账号：建行南华江北支行 450016048513666863			密码区	03**263>>0821927-8303 -5215895---669*>7873/ 37315/6*2-+505/32+78 +48-4*1850164907>>>/		加密版本：01 4300062620 03948082
货物或应税劳务名称	规格型号	单位	数量	单价	金额	税率	税额
西服		套	1 500	265.49	398 230.09	13%	51 769.91
夹克		件	2 200	212.39	467 256.64	13%	60 743.36
合　计					¥865 486.73		¥112 513.27
价税合计（大写）	⊗玖拾柒万捌仟元整					小写：¥978 000.00	
销货单位	名　　称：南华佳丽服装有限公司 纳税人识别号：4501223165605339 地 址、电 话：南华市星光大道666号0771－68693699 开户行及账号：建行南华星光支行 450016048513666226			备注	转账		

第四联：销货方记账凭证

收款人：　　复核：裴玉梅　　开票人：丛剑华　　销货单位：（章）

图10-6　增值税专用发票

产　品　出　库　单

No 0032417

购货单位：南华市兴华贸易有限公司　　开单日期：2019年1月6日

产品名称	型号规格	计量单位	计划数	实发数	单 价	金 额	单位成本	总成本
西服		套	1 500	1 500	300.00	450 000.00	200.00	300 000.00
夹克		件	2 200	2 200	240.00	528 000.00	150.00	330 000.00
合计						978 000.00		630 000.00
合计（大写）	玖拾柒万捌仟元整							

第三联：财务记账

会计：裴玉梅　　保管：汤莉　　提货：颜伟林　　制单：单建林

图10-7　产品出库单

中国建设银行　**进账单**　（收账通知）　　3

2019 年　1　月　6　日

出票人	全　称	南华市兴华贸易有限公司	收款人	全　称	南华佳丽服装有限公司
	账　号	450016048513666863		账　号	450016048513666226
	开户银行	建行南华江北支行		开户银行	建行南华星光支行
金额	人民币（大写）	玖拾柒万捌仟元整		亿千百十万千百十元角分	¥97800000
票据种类		转账支票	票据张数		
票据号码		862347			
	复核	记账		收款人开户银行签章	

开户银行交给收款人的收账通知

中国建设银行股份有限公司　南华市星光支行　2019.01.06　办讫章　（6）

图10-8　中国建设银行进账单（收账通知）

（4）以银行存款发放工资。原始凭证如表10-9、图10-9和图10-10所示。

表10-9　2019年1月职工工资发放表

金额单位：元

姓名	基本工资	津补贴	奖金	应发工资	实发工资
隆剑峰	2 800.00	1 300.00	1 220.00	5 320.00	5 320.00
蔡梦霞	2 500.00	1 200.00	1 180.00	4 880.00	4 880.00
汪东梅	2 500.00	1 200.00	1 160.00	4 860.00	4 860.00
阳莉红	2 200.00	1 000.00	960.00	4 160.00	4 160.00
丛剑华	1 800.00	900.00	860.00	3 560.00	3 560.00
…	…	…	…	…	…
…	…	…	…	…	…
合计	175 000.00	89 000.00	96 000.00	360 000.00	360 000.00

中国建设银行
转账支票存根
10504520
32542666

附加信息

出票日期：2019 年 1 月 7 日

收款人：	南华佳丽服装有限公司
金　额：	¥360 000.00
用　途：	支付工资

单位主管　　　会计

图10-9　中国建设银行转账支票存根

中国建设银行　进账单　（回　单）　1

2019 年　1　月　7　日

出票人	全　称	南华佳丽服装有限公司	收款人	全　称	南华佳丽服装有限公司
	账　号	450016048513666226		账　号	
	开户银行	建行南华星光支行		开户银行	建行南华星光支行
金额	人民币（大写）	叁拾陆万元整		亿千百十万千百十元角分	¥36000000
票据种类		转账支票	票据张数	1	
票据号码		32542666			
复核		记账		收款人开户银行签章	

中国建设银行股份有限公司
南华市星光支行
2019.01.07
办讫章
（6）

开户银行交给持（出）票人的回单

图10-10　中国建设银行进账单（回单）

（5）以银行存款支付广告费。原始凭证如图 10-11 ～图 10-14 所示。

南华市增值税专用发票

4500042140　　　　　　发票联　　　　　　NO：0144029

开票日期：2019年1月16日

购货单位	名　　称：南华佳丽服装有限公司 纳税人识别号：450122316560533 9 地 址、电 话：南华市星光大道666号0771－68693699 开户行及账号：建行南华星光支行 450016048513666226			密码区	09**263>>0821927-8303 -5215895---669*>7873/ 37315/6*2-+505/32+78 +48-4*1550531163>>>/	加密版本：01 4300062620 02848592	
货物或应税劳务名称	规格型号	单位	数量	单价	金额	税率	税额
广告费		幅	1	30 000	30 000.00	6%	1 800.00
合　　计					¥　30 000.00		¥1 800.00
价税合计（大写）	⊗叁万壹仟捌佰元整				（小写）¥31 800.00		
销货单位	名　　称：南华日报社广告有限公司 纳税人识别号：4501587204601422 地 址、电 话：南华市壮锦大道623号0771-38670143 开户行及账号：工行南华江北支行450016048513634362			备注			

收款人：　　　　复核：　　　　开票人：凌玲　　　　销货单位：（章）

第二联：购货方记账凭证

图10-11　增值税专用发票

南华市增值税专用发票

4500042140　　　　　　抵扣联　　　　　　NO：0144029

开票日期：2019年1月16日

购货单位	名　　称：南华佳丽服装有限公司 纳税人识别号：4501223165605339 地 址、电 话：南华市星光大道666号0771－68693699 开户行及账号：建行南华星光支行 450016048513666226			密码区	09**263>>0821927-8303 -5215895---669*>7873/ 37315/6*2-+505/32+78 +48-4*1550531163>>>/	加密版本：01 4300062620 02848592	
货物或应税劳务名称	规格型号	单位	数量	单价	金额	税率	税额
广告费		幅	1	30 000	30 000.00	6%	1 800.00
合　　计					¥　30 000.00		¥1 800.00
价税合计（大写）	⊗叁万壹仟捌佰元整				（小写）¥31 800.00		
销货单位	名　　称：南华日报社广告有限公司 纳税人识别号：4501587204601422 地 址、电 话：南华市壮锦大道623号0771-38670143 开户行及账号：工行南华江北支行450016048513634362			备注			

收款人：　　　　复核：　　　　开票人：凌玲　　　　销货单位：（章）

第三联：购货方抵扣凭证

图10-12　增值税专用发票

中国建设银行

转账支票存根

10504520

32542667

附加信息

出票日期：2019 年 1 月 16 日

收款人：南华日报社广告有限公司

金　额：¥31 800.00

用　途：支付广告费

单位主管　　　会计

图10-13　中国建设银行转账支票存根

中国建设银行 进账单 （回 单） 1

2019 年 1 月 16 日

出票人	全 称	南华佳丽服装有限公司	收款人	全 称	南华日报社广告有限公司
	账 号	450016048513666226		账 号	450016048513634362
	开户银行	建行南华星光支行		开户银行	工行南华江北支行
金额	人民币（大写）	叁万壹仟捌佰元整		亿千百十万千百十元角分	¥ 3 1 8 0 0 0 0
票据种类		转账支票	票据张数		
票据号码		32542667			
复核		记账			付款人开户银行签章

开户银行交给持（出）票人的回单

中国建设银行股份有限公司 南华市星光支行 2019.01.16 办讫章 （6）

图10-14 中国建设银行进账单（回单）

（6）支付短期借款利息。原始凭证如图 10-15 所示。

中 国 建 设 银 行 特 种 转 账 借 方 凭 证

人民币 清算日期：2019 年 1 月 22 日 第 号 （客户回单）

付款人	全 称	南华佳丽服装有限公司	收款人	全称	建行南华星光支行
	账 号	450016048513666226		账号	
	开户银行	建行南华星光支行		开户行	建行南华星光支行
金额（大写）		壹万陆仟元整			¥16 000.00
用途	短期贷款利息				银行盖章
备注	转讫				

会计主管： 授权： 复核：文丽馨 打印：徐雯

中国建设银行股份有限公司 南华市星光支行 2019.01.22 办讫章 （6）

图10-15 中国建设银行特种转账借方凭证

（7）销售产品，货款未收。原始凭证如图 10-16 和图 10-17 所示。

南华市增值税专用发票

4500[illegible]140 记 账 联 NO 6236857

开票日期2019年1月26日

购货单位	名 称：梧州市莉莉服装贸易公司 纳税人识别号：4501223165601423 地 址、电 话：南华市青山路623号0771-96347852 开户行及账号：建行南华江北支行 450016048513666863			密码区	03**263>>0821927-8303 -5215895---669*>7873/ 37315/6*2-+505/32+78 +48-4*1850164907>>>/		加密版本：01 4300062620 03948082
货物或应税劳务名称	规格型号	单位	数量	单价	金额	税率	税额
西服		套	800	265.486 7	212 389.38	13%	27 610.62
夹克		件	1 000	212.389 4	212 389.38	13%	27 610.62
合 计					¥ 424 778.76		¥55 221.24
价税合计（大写）	⊗肆拾捌万元整					小写	¥480 000.00
销货单位	名 称：南华佳丽服装有限公司 纳税人识别号：4501223165605339 地 址、电 话：南华市星光大道666号0771－68693699 开户行及账号：建行南华星光支行 450016048513666226			备注	合同约定2月28日前付款		

收款人： 复核：裴玉梅 开票人：丛剑华 销货单位：（章）

第四联：销货方记账凭证

南华佳丽服装有限公司 发票专用章 672344538782755 ；南华佳丽服装有限公司 财务结算章 2019.01.26

图10-16 增值税专用发票

产　品　出　库　单　　No 0032418

购货单位：梧州市莉莉服装贸易公司　　开单日期：2019年1月26日

产品名称	型号规格	计量单位	计划数	实发数	单　价	金　额	单位成本	总成本
西服		套	800	800	300.00	240 000.00	200.00	160 000.00
夹克		件	1 000	1 000	240.00	240 000.00	150.00	150 000.00
合计						480 000.00		310 000.00
合计（大写）	肆拾捌万元整							

第三联：财务记账

会计：裴玉梅　　保管：汤莉　　提货：南卫华　　制单：单建林

图10-17　产品出库单

（8）销售产品，货款已预收。原始凭证如图 10-18 和图 10-19 所示。

南华市增值税专用发票

4500……　　记　账　联　　NO 6236858

开票日期2019年1月26日

购货单位	名　　称：贵港市港南服装有限公司 纳税人识别号：452522……165611358 地　址、电　话：贵港市江南大道362号0775-42334256 开户行及账号：建行贵港江南支行　450516048513642351	密码区	03**263>>0821927-8303 -5215895---669*>7873/ 37315/6*2-+505/32+78 +48-4*1850164907>>>/	加密版本：01 4300062620 03948082

货物或应税劳务名称	规格型号	单位	数量	单价	金额	税率	税额
西服		套	1 000	265.486 7	265 486.73	13%	34 513.27
夹克		件	1 200	212.389 4	254 867.26	13%	33 132.74
合　　计					¥ 520 353.99		¥67 646.01
价税合计（大写）	⊗伍拾捌万捌仟元整					小写	¥588 000.00

销货单位	名　　称：南华佳丽服装有限公司 纳税人识别号：4501223165605339 地　址、电　话：南华市星光大道666号0771-68693699 开户行及账号：建行南华星光支行　450016048513666226	备注	冲减预收款

第四联：销货方记账凭证

收款人：　　复核：裴玉梅　　开票人：孟剑华　　销货单位：（章）

图10-18　增值税专用发票

产　品　出　库　单　　No 0032419

购货单位：贵港市港南服装有限公司　　开单日期：2019年1月26日

产品名称	型号规格	计量单位	计划数	实发数	单　价	金　额	单位成本	总成本
西服		套	1 000	1 000	300.00	300 000.00	200.00	200 000.00
夹克		件	1 200	1 200	240.00	288 000.00	150.00	180 000.00
合计						588 000.00		380 000.00
合计（大写）	陆拾伍万壹仟元整							

第三联：财务记账

会计：裴玉梅　　保管：汤莉　　提货：易荣施　　制单：单建林

图10-19　产品出库单

（9）以银行存款支付捐赠款。原始凭证如图 10-20 ～图 10-22 所示。

收 款 收 据

2019 年 1 月 28 日　　No 003326

此据不作发票及报销凭证使用

今收到 南华佳丽服装有限公司 交来 捐赠款（转账）

金 额（大写） 贰万元整　　¥ 20 000.00

单位盖章：（南华市红十字基金会 财务专用章）　　收款人：

第三联：付款单位留存

主管：　　会计：　　复核：凌晶晶　　制单：刘丽莲

图10-20　收款收据

中国建设银行
转账支票存根
10504520
32542668

附加信息

出票日期：2019 年 1 月 28 日

收款人：	南华市红十字基金会
金　额：	¥ 20 000.00
用　途：	捐赠款

单位主管　　会计

图10-21　中国建设银行转账支票存根

中国建设银行 进账单 （回　单）　　1

2019 年 1 月 28 日

出票人	全　称	南华佳丽服装有限公司	收款人	全　称	南华市红十字基金会
	账　号	450016048513666226		账　号	450016048513142556
	开户银行	建行南华星光支行		开户银行	工行南华市江南支行
金额	人民币（大写）	贰万元整		亿千百十万千百十元角分	¥ 2 0 0 0 0 0 0
票据种类		转账支票	票据张数	1	
票据号码		32542668			
	复核		记账		收款人开户银行签章

（中国工商银行股份有限公司 南华市江南支行 2019.01.28 办讫章 (6)）

开户银行交给持（出）票人的回单

图10-22　中国建设银行进账单（回单）

（10）分配本月工资。根据本月工资发放汇总表（如表 10-9 所示）编制“2019 年 1 月应付职工薪酬分配汇总表”（如表 10-10 所示）。

表10-10　2019年1月应付职工薪酬分配汇总表

2019年1月31日　　金额单位：元

项目	基本工资	岗位津贴	奖金	合计
西服生产工人	58 980.00	29 060.00	31 230.00	119 270.00
夹克生产工人	47 520.00	18 700.00	20 800.00	87 020.00
车间管理人员	22 600.00	12 920.00	13 630.00	49 150.00
销售人员	19 200.00	12 130.00	12 650.00	43 980.00
行政管理人员	26 700.00	16 190.00	17 690.00	60 580.00
合计	175 000.00	89 000.00	96 000.00	360 000.00

（11）预提本月水电费。本月各部门耗用的水电费情况如表 10-11 和表 10-12 所示。

表10-11　水费分配表

编制日期：2019年1月31日　　金额单位：元

部门或项目	计量单位	数量	单价	金额	备注
西服生产耗用	吨	1 250	1.20	1 500.00	
夹克生产耗用	吨	950	1.20	1 140.00	
车间一般耗用	吨	450	1.20	540.00	
管理部门耗用	吨	1 350	1.20	1 620.00	
合计		4 000		4 800.00	

表10-12　电费分配表

编制日期：2019年1月31日　　金额单位：元

部门或项目	计量单位	数量	单价	金额	备注
西服生产耗用	千瓦•时	8 600	0.50	4 300.00	
夹克生产耗用	千瓦•时	7 800	0.50	3 900.00	
车间一般耗用	千瓦•时	800	0.50	400.00	
管理部门耗用	千瓦•时	2 800	0.50	1 400.00	
合计		20 000		10 000.00	

（12）计提固定资产折旧。本月应计提的固定资产折旧如表 10-13 所示。

表10-13　固定资产折旧计算表

编制日期：2019年1月31日　　　　金额单位：元

使用部门	固定资产类别	原始价值	月综合折旧率	合计金额
生产车间	厂房	800 000.00	0.45%	3 600.00
	设备	600 000.00	1.25%	7 500.00
	小计	1 400 000.00		11 100.00
管理部门	房屋及建筑物	1 200 000.00	0.45%	5 400.00
	运输工具	600 000.00	1.25%	7 500.00
	交通工具	300 000.00	1.00%	3 000.00
	小计	2 100 000.00		15 900.00
合计		3 500 000.00		27 000.00

（13）计提本月应交的税金及附加。按规定计算，本月应交的税金及附加如表 10-14 所示。

表10-14　应交税金及附加明细表

金额单位：元

项目	金额	备注
城市维护建设税	14 000.00	
教育费附加	6 000.00	
合计	20 000.00	

六、操作程序及要求

（1）根据表 10-3 所示的“账户期末余额情况表”的总账账户余额开设总分类账户。

（2）根据表 10-3 所示的“账户期末余额情况表”明细账余额开设现金日记账和银行存款日记账。

（3）根据表 10-4 所示的“原材料期末结存明细表”开设材料明细账。

（4）根据表 10-5 所示的“库存商品期末结存明细表”开设库存商品明细账。

（5）根据表 10-6 所示的“生产成本期末结存明细表”开设生产成本明细账。

（6）根据 2017 年 1 月发生的经济业务（1 ～ 13）编制记账凭证。

（7）根据记账凭证及其所附的原始凭证登记制造费用明细账，并按照表 10-7 所示的“本月产品生产机械工时统计表”的工时比例进行分配；同时登记制造费用明细账。

（8）根据记账凭证及其所附的原始凭证登记生产成本明细账，并结合表 10-8 所示的“本月产品生产完工情况表”编制产品成本计算表。

（9）根据产品成本计算表编制“完工产品成本汇总表”，并据以编制记账凭证。

（10）根据记账凭证登记总账。

（11）根据总账编制“结转前损益类账户余额表”，编制结转到“本年利润”账户的记账凭证，同时根据记账凭证登记总账。

（12）根据“本年利润”账户计算本月利润总额，编制“应交企业所得税计算表”，并据以编制计提所得税费用和结转所得税费用的记账凭证，同时根据记账凭证登记总账。

（13）根据总账余额编制“总账账户期末余额试算平衡表”。

（14）根据“期末余额试算平衡表”及有关明细账编制“资产负债表”。

（15）根据总账损益类账户的发生额编制“利润表”。

（16）根据记账凭证及其所附的原始凭证登记现金日记账、银行存款日记账，并与总账核对相符。

（17）根据记账凭证及其所附的原始凭证登记材料明细账、库存商品明细账、生产成本明细账，并与总账核对相符。

（18）根据记账凭证及其所附的原始凭证登记其他相关明细账（略）。

七、操作过程

（1）根据表10-3所示的“账户期末余额情况表”的总账账户余额开设总分类账户（如图10-23～图10-40所示）。

总　　账

会计科目或户名 库存现金　　　　分页第____页 总页第____页

年		凭证编号		摘要	借（收入）方											√	贷（付出）方											√	借或贷	余额											√
月	日	字	号		亿	千	百	十	万	千	百	十	元	角	分		亿	千	百	十	万	千	百	十	元	角	分			亿	千	百	十	万	千	百	十	元	角	分	

图10-23　总账

总　　账

会计科目或户名 银行存款　　　　分页第 1 页 总页第＿＿页

年		凭证编号		摘要	借（收入）方											√	贷（付出）方											√	借或贷	余额											√
月	日	字	号		亿	千	百	十	万	千	百	十	元	角	分		亿	千	百	十	万	千	百	十	元	角	分			亿	千	百	十	万	千	百	十	元	角	分	

图10-24　总账

总　　账

会计科目或户名 应收账款　　　　分页第＿＿页 总页第＿＿页

年		凭证编号		摘要	借（收入）方											√	贷（付出）方											√	借或贷	余额											√
月	日	字	号		亿	千	百	十	万	千	百	十	元	角	分		亿	千	百	十	万	千	百	十	元	角	分			亿	千	百	十	万	千	百	十	元	角	分	

图10-25　总账

总　　账

会计科目或户名 预付账款　　　　分页第＿＿页 总页第＿＿页

年		凭证编号		摘要	借（收入）方											√	贷（付出）方											√	借或贷	余额											√
月	日	字	号		亿	千	百	十	万	千	百	十	元	角	分		亿	千	百	十	万	千	百	十	元	角	分			亿	千	百	十	万	千	百	十	元	角	分	

图10-26　总账

总 账

会计科目或户名 原材料　　　　分页第____页 总页第____页

年		凭证编号		摘要	借（收入）方											√	贷（付出）方											√	借或贷	余额											√
月	日	字	号		亿	千	百	十	万	千	百	十	元	角	分		亿	千	百	十	万	千	百	十	元	角	分			亿	千	百	十	万	千	百	十	元	角	分	

图10-27　总账

总 账

会计科目或户名 库存商品　　　　分页第____页 总页第____页

年		凭证编号		摘要	借（收入）方											√	贷（付出）方											√	借或贷	余额											√
月	日	字	号		亿	千	百	十	万	千	百	十	元	角	分		亿	千	百	十	万	千	百	十	元	角	分			亿	千	百	十	万	千	百	十	元	角	分	

图10-28　总账

总 账

会计科目或户名 固定资产　　　　分页第____页 总页第____页

年		凭证编号		摘要	借（收入）方											√	贷（付出）方											√	借或贷	余额											√
月	日	字	号		亿	千	百	十	万	千	百	十	元	角	分		亿	千	百	十	万	千	百	十	元	角	分			亿	千	百	十	万	千	百	十	元	角	分	

图10-29　总账

总　　账

会计科目或户名 累计折旧　　　　分页第 1 页 总页第____页

年		凭证编号		摘要	借（收入）方											√	贷（付出）方											√	借或贷	余额											√
月	日	字	号		亿	千	百	十	万	千	百	十	元	角	分		亿	千	百	十	万	千	百	十	元	角	分			亿	千	百	十	万	千	百	十	元	角	分	

图10-30　总账

总　　账

会计科目或户名 短期借款　　　　分页第 1 页 总页第____页

年		凭证编号		摘要	借（收入）方											√	贷（付出）方											√	借或贷	余额											√
月	日	字	号		亿	千	百	十	万	千	百	十	元	角	分		亿	千	百	十	万	千	百	十	元	角	分			亿	千	百	十	万	千	百	十	元	角	分	

图10-31　总账

总　　账

会计科目或户名 应付账款　　　　分页第 1 页 总页第____页

年		凭证编号		摘要	借（收入）方											√	贷（付出）方											√	借或贷	余额											√
月	日	字	号		亿	千	百	十	万	千	百	十	元	角	分		亿	千	百	十	万	千	百	十	元	角	分			亿	千	百	十	万	千	百	十	元	角	分	

图10-32　总账

总　账

会计科目或户名 预收账款　　　　分页第____页 总页第____页

年		凭证编号		摘要	借（收入）方											√	贷（付出）方											√	借或贷	余额											√
月	日	字	号		亿	千	百	十	万	千	百	十	元	角	分		亿	千	百	十	万	千	百	十	元	角	分			亿	千	百	十	万	千	百	十	元	角	分	

图10-33　总账

总　账

会计科目或户名 应付职工薪酬　　　　分页第 1 页 总页第____页

年		凭证编号		摘要	借（收入）方											√	贷（付出）方											√	借或贷	余额											√
月	日	字	号		亿	千	百	十	万	千	百	十	元	角	分		亿	千	百	十	万	千	百	十	元	角	分			亿	千	百	十	万	千	百	十	元	角	分	

图10-34　总账

总　账

会计科目或户名 应交税费　　　　分页第 1 页 总页第____页

年		凭证编号		摘要	借（收入）方											√	贷（付出）方											√	借或贷	余额											√
月	日	字	号		亿	千	百	十	万	千	百	十	元	角	分		亿	千	百	十	万	千	百	十	元	角	分			亿	千	百	十	万	千	百	十	元	角	分	

图10-35　总账

总　　账

会计科目或户名 实收资本　　　　　　分页第 1 页 总页第____页

年		凭证编号		摘要	借（收入）方											√	贷（付出）方											√	借或贷	余额											√
月	日	字	号		亿	千	百	十	万	千	百	十	元	角	分		亿	千	百	十	万	千	百	十	元	角	分			亿	千	百	十	万	千	百	十	元	角	分	

图10-36　总账

总　　账

会计科目或户名 资本公积　　　　　　分页第 1 页 总页第____页

年		凭证编号		摘要	借（收入）方											√	贷（付出）方											√	借或贷	余额											√
月	日	字	号		亿	千	百	十	万	千	百	十	元	角	分		亿	千	百	十	万	千	百	十	元	角	分			亿	千	百	十	万	千	百	十	元	角	分	

图10-37　总账

总　　账

会计科目或户名 盈余公积　　　　　　分页第 1 页 总页第____页

年		凭证编号		摘要	借（收入）方											√	贷（付出）方											√	借或贷	余额											√
月	日	字	号		亿	千	百	十	万	千	百	十	元	角	分		亿	千	百	十	万	千	百	十	元	角	分			亿	千	百	十	万	千	百	十	元	角	分	

图10-38　总账

总　　　账

会计科目或户名　利润分配　　　　分页第 1 页 总页第＿＿页

年		凭证编号		摘要	借（收入）方											√	贷（付出）方											√	借或贷	余额											√
月	日	字	号		亿	千	百	十	万	千	百	十	元	角	分		亿	千	百	十	万	千	百	十	元	角	分			亿	千	百	十	万	千	百	十	元	角	分	

图10-39　总账

总　　　账

会计科目或户名　生产成本　　　　分页第 1 页 总页第＿＿页

年		凭证编号		摘要	借（收入）方											√	贷（付出）方											√	借或贷	余额											√
月	日	字	号		亿	千	百	十	万	千	百	十	元	角	分		亿	千	百	十	万	千	百	十	元	角	分			亿	千	百	十	万	千	百	十	元	角	分	

图10-40　总账

（2）根据表 10-3 所示的“账户期末余额情况表”明细账余额开设现金日记账（如图 10-41 所示）和银行存款日记账（如图 10-42 所示）。

现　金　日　记　账

总第＿＿＿页　分第＿＿＿页

年		凭证		摘要	借（收）方										√	贷（付）方										√	余额										√
月	日	字	号		亿	千	百	十	万	千	百	十	元	角	分		亿	千	百	十	万	千	百	十	元	角	分		亿	千	百	十	万	千	百	十	元	角	分	

图10-41　现金日记账

银　行　存　款　日　记　账

户名：＿＿＿＿＿＿＿＿　账号：＿＿＿＿＿＿＿＿＿＿＿＿　总第＿＿＿页　分第＿＿＿页

年		凭证		摘要	借（收）方										√	贷（付）方										√	余额										√
月	日	字	号		亿	千	百	十	万	千	百	十	元	角	分		亿	千	百	十	万	千	百	十	元	角	分		亿	千	百	十	万	千	百	十	元	角	分	

图10-42　银行存款日记账

（3）根据表10-4所示的“原材料期末结存明细表”开设材料明细账（如图10-43～图10-46所示）。

材　料　明　细　账

品名 纯毛面料　型号规格＿＿＿＿　计量单位 米　存放地点 材料库

本账页次	
本户页次	

年		记账凭证		摘要	单价	收入（借方）										付出（贷方）										结存										
						数量	金额									数量	金额									数量	均价	金额								
月	日	字	号				百	十	万	千	百	十	元	角	分		百	十	万	千	百	十	元	角	分			百	十	万	千	百	十	元	角	分

图10-43　材料明细账

材　料　明　细　账

本账页次 ____　本户页次 ____

品名 粗纺棉料　型号规格 ________　计量单位 米　存放地点 材料库

年		记账凭证		摘要	单价	收入（借方）										付出（贷方）										结存										
						数量	金额									数量	金额									数量	均价	金额								
月	日	字	号				百	十	万	千	百	十	元	角	分		百	十	万	千	百	十	元	角	分			百	十	万	千	百	十	元	角	分

图10-44　材料明细账

材　料　明　细　账

本账页次 ____　本户页次 ____

品名 里布　型号规格 ________　计量单位 米　存放地点 材料库

年		记账凭证		摘要	单价	收入（借方）										付出（贷方）										结存										
						数量	金额									数量	金额									数量	均价	金额								
月	日	字	号				百	十	万	千	百	十	元	角	分		百	十	万	千	百	十	元	角	分			百	十	万	千	百	十	元	角	分

图10-45　材料明细账

材　料　明　细　账

本账页次 ____　本户页次 ____

品名 辅助材料　型号规格 ________　计量单位 元　存放地点 材料库

年		记账凭证		摘要	单价	收入（借方）										付出（贷方）										结存										
						数量	金额									数量	金额									数量	均价	金额								
月	日	字	号				百	十	万	千	百	十	元	角	分		百	十	万	千	百	十	元	角	分			百	十	万	千	百	十	元	角	分

图10-46　材料明细账

（4）根据表 10-5 所示的“库存商品期末结存明细表”开设库存商品明细账（如图 10-47 和图 10-48 所示）。

库存商品明细账

本账页次	
本户页次	

商品品名 西服　　型号规格 ______　　计量单位 套　　零售价格 ______

<table>
<tr><th colspan="2" rowspan="2">年</th><th colspan="2" rowspan="2">记账凭证</th><th rowspan="3">摘要</th><th rowspan="3">单价</th><th colspan="10">收　入（借方）</th><th colspan="10">付　出（贷方）</th><th colspan="11">结　存</th></tr>
<tr><th rowspan="2">数量</th><th colspan="9">金　额</th><th rowspan="2">数量</th><th colspan="9">金　额</th><th rowspan="2">数量</th><th rowspan="2">均价</th><th colspan="9">金　额</th></tr>
<tr><th>月</th><th>日</th><th>字</th><th>号</th><th>百</th><th>十</th><th>万</th><th>千</th><th>百</th><th>十</th><th>元</th><th>角</th><th>分</th><th>百</th><th>十</th><th>万</th><th>千</th><th>百</th><th>十</th><th>元</th><th>角</th><th>分</th><th>百</th><th>十</th><th>万</th><th>千</th><th>百</th><th>十</th><th>元</th><th>角</th><th>分</th></tr>
</table>

图10-47　库存商品明细账

库存商品明细账

本账页次	
本户页次	

商品品名 夹克　　型号规格 ______　　计量单位 件　　零售价格 ______

<table>
<tr><th colspan="2" rowspan="2">年</th><th colspan="2" rowspan="2">记账凭证</th><th rowspan="3">摘要</th><th rowspan="3">单价</th><th colspan="10">收　入（借方）</th><th colspan="10">付　出（贷方）</th><th colspan="11">结　存</th></tr>
<tr><th rowspan="2">数量</th><th colspan="9">金　额</th><th rowspan="2">数量</th><th colspan="9">金　额</th><th rowspan="2">数量</th><th rowspan="2">均价</th><th colspan="9">金　额</th></tr>
<tr><th>月</th><th>日</th><th>字</th><th>号</th><th>百</th><th>十</th><th>万</th><th>千</th><th>百</th><th>十</th><th>元</th><th>角</th><th>分</th><th>百</th><th>十</th><th>万</th><th>千</th><th>百</th><th>十</th><th>元</th><th>角</th><th>分</th><th>百</th><th>十</th><th>万</th><th>千</th><th>百</th><th>十</th><th>元</th><th>角</th><th>分</th></tr>
</table>

图10-48　库存商品明细账

（5）根据表10-6所示的“生产成本期末结存明细表”开设生产成本明细账（如图10-49和图10-50所示）。

生产成本明细账

产品名称：西服　　　　生产批号：　　　　　　总第____页　分第____页

年		记账凭证		摘要	合计										直接材料										直接人工										制造费用									
月	日	字	号		千	百	十	万	千	百	十	元	角	分	千	百	十	万	千	百	十	元	角	分	千	百	十	万	千	百	十	元	角	分	千	百	十	万	千	百	十	元	角	分

图10-49　生产成本明细账

生产成本明细账

产品名称：夹克　　　　生产批号：　　　　　　总第____页　分第____页

年		记账凭证		摘要	合计										直接材料										直接人工										制造费用									
月	日	字	号		千	百	十	万	千	百	十	元	角	分	千	百	十	万	千	百	十	元	角	分	千	百	十	万	千	百	十	元	角	分	千	百	十	万	千	百	十	元	角	分

图10-50　生产成本明细账

（6）根据2019年1月发生的经济业务编制记账凭证（自备30张通用记账凭证，按实际需要使用）。

（7）根据记账凭证及其所附的原始凭证登记制造费用明细账（如图10-51所示），按表10-7所示的“本月产品生产机械工时统计表”的工时比例进行分配（如表10-15所示），并据以编制记账凭证；同时登记制造费用明细账（如图10-51所示）。

制造费用 明细账

本账页次	
本户页次	

细目 生产车间　　　　户名

年		记账凭证		摘要	借（收）方											√	贷（付）方											√	借或贷	余额											√
月	日	字	号		亿	千	百	十	万	千	百	十	元	角	分		亿	千	百	十	万	千	百	十	元	角	分			亿	千	百	十	万	千	百	十	元	角	分	

图10-51 制造费用明细账

表10-15 制造费用分配表

编制日期：　　年　月　日　　　　金额单位：元

项 目	工时	分配率	分配金额
西服	30 000		
夹克	20 000		
合计	50 000		

（8）根据记账凭证及其所附的原始凭证登记生产成本明细账（如图10-49和图10-50所示），并结合如表10-8所示的“本月产品生产完工情况表”编制产品成本计算表（如表10-16和表10-17所示）。

表10-16 产品成本计算表（简）

成本对象：西服　　　2019年1月31日　　　金额单位：元

项目	直接材料	直接人工	制造费用	合计
期初在产品成本				
本期生产成本				
生产成本合计				
本期完工产品产量				
单位成本				

表10-17 产品成本计算表（简）

成本对象：夹克 2019年1月31日 金额单位：元

项目	直接材料	直接人工	制造费用	合计
期初在产品成本				
本期生产成本				
生产成本合计				
本期完工产品产量				
单位成本				

（9）根据产品成本计算表编制“完工产品成本汇总表”（如表10-18所示），并据以编制记账凭证。

表10-18 完工产品成本汇总表

年 月 日 金额单位：元

品名	型号规格	计量单位	数量	单位成本	总成本	备注
西服		套				
夹克		件				
合计						

（10）根据记账凭证登记总账（如图10-23～图10-40，图10-52～图10-60所示）。

总 账

会计科目或户名 主营业务收入 分页第 1 页 总页第 页

年		凭证编号		摘要	借（收入）方											√	贷（付出）方											√	借或贷	余额											√
月	日	字	号		亿	千	百	十	万	千	百	十	元	角	分		亿	千	百	十	万	千	百	十	元	角	分			亿	千	百	十	万	千	百	十	元	角	分	

图10-52 总账

总　　账

会计科目或户名 主营业务成本　　　　分页第 1 页 总页第____页

年		凭证编号		摘要	借（收入）方											√	贷（付出）方											借或贷	余额											√
月	日	字	号		亿	千	百	十	万	千	百	十	元	角	分		亿	千	百	十	万	千	百	十	元	角	分		亿	千	百	十	万	千	百	十	元	角	分	

图10-53　总账

总　　账

会计科目或户名 税金及附加　　　　分页第 1 页 总页第____页

年		凭证编号		摘要	借（收入）方											√	贷（付出）方											借或贷	余额											√
月	日	字	号		亿	千	百	十	万	千	百	十	元	角	分		亿	千	百	十	万	千	百	十	元	角	分		亿	千	百	十	万	千	百	十	元	角	分	

图10-54　总账

总　　账

会计科目或户名 销售费用　　　　分页第 1 页 总页第____页

年		凭证编号		摘要	借（收入）方											√	贷（付出）方											借或贷	余额											√
月	日	字	号		亿	千	百	十	万	千	百	十	元	角	分		亿	千	百	十	万	千	百	十	元	角	分		亿	千	百	十	万	千	百	十	元	角	分	

图10-55　总账

总　　账

会计科目或户名 管理费用　　　　分页第 1 页 总页第____页

年		凭证编号		摘要	借（收入）方											√	贷（付出）方											√	借或贷	余额											√
月	日	字	号		亿	千	百	十	万	千	百	十	元	角	分		亿	千	百	十	万	千	百	十	元	角	分			亿	千	百	十	万	千	百	十	元	角	分	

图10-56　总账

总　　账

会计科目或户名 财务费用　　　　分页第 1 页 总页第____页

年		凭证编号		摘要	借（收入）方											√	贷（付出）方											√	借或贷	余额											√
月	日	字	号		亿	千	百	十	万	千	百	十	元	角	分		亿	千	百	十	万	千	百	十	元	角	分			亿	千	百	十	万	千	百	十	元	角	分	

图10-57　总账

总　　账

会计科目或户名 营业外支出　　　　分页第 1 页 总页第____页

年		凭证编号		摘要	借（收入）方											√	贷（付出）方											√	借或贷	余额											√
月	日	字	号		亿	千	百	十	万	千	百	十	元	角	分		亿	千	百	十	万	千	百	十	元	角	分			亿	千	百	十	万	千	百	十	元	角	分	

图10-58　总账

总　　账

会计科目或户名 本年利润　　　　分页第 1 页 总页第____页

年		凭证编号		摘要	借（收入）方											√	贷（付出）方											√	借或贷	余额											√
月	日	字	号		亿	千	百	十	万	千	百	十	元	角	分		亿	千	百	十	万	千	百	十	元	角	分			亿	千	百	十	万	千	百	十	元	角	分	

图10-59　总账

总　　账

会计科目或户名 所得税费用　　　　分页第 1 页 总页第____页

年		凭证编号		摘要	借（收入）方											√	贷（付出）方											√	借或贷	余额											√
月	日	字	号		亿	千	百	十	万	千	百	十	元	角	分		亿	千	百	十	万	千	百	十	元	角	分			亿	千	百	十	万	千	百	十	元	角	分	

图10-60　总账

（11）根据总账编制“结转前损益类账户余额表”（如表10-19所示），编制结转到“本年利润”账户的记账凭证，同时根据记账凭证登记总账（如图10-52～图10-60所示）。

表10–19　结转前损益类账户余额表

编制日期：　　　年　月　日　　　　　　　　　　　　金额单位：元

会计科目	贷方金额	会计科目	借方金额
合计		合计	

（12）根据“本年利润”账户计算本月利润总额，编制“应交企业所得税计算表”（如表10-20所示），并据以编制计提所得税费用和结转所得税费用的记账凭证，同时根据

记账凭证登记总账（如图 10-35、图 10-52 ～图 10-60 所示）。

表10-20 应交企业所得税计算表

编制日期： 年 月 日 金额单位：元

利润总额	纳税调整金额（+、-）	应纳税所得额	税率	应纳所得税额	备注

（13）根据总账余额编制“总账账户期末余额试算平衡表”（如表 10-21 所示）。

表10-21 总账账户期末余额试算平衡表

编制日期： 年 月 日 金额单位：元

科目名称	借方余额	贷方余额	备注
库存现金			
银行存款			
应收账款			
预付账款			
原材料			
库存商品			
固定资产			
累计折旧			
短期借款			
应付账款			
预收账款			
应交税费			
实收资本			
资本公积			
盈余公积			
本年利润			
利润分配			
生产成本			
合　计			

（14）根据“期末余额试算平衡表”及有关明细账编制“资产负债表”（如表 10-22 所示）。

表10-22　资产负债表

会企01表

编制单位：南华佳丽服装有限公司　　　　年　月　日　　　　金额单位：元

资产	期末余额	年初余额	负债和所有者权益（或股东权益）	期末余额	年初余额
流动资产：			流动负债：		
货币资金			短期借款		
交易性金融资产			交易性金融负债		
应收票据			应付票据		
应收账款			应付账款		
预付款项			预收款项		
应收利息			应付职工薪酬		
应收股利			应交税费		
其他应收款			应付利息		
存货			应付股利		
一年内到期的非流动资产			其他应付款		
其他流动资产			一年内到期的非流动负债		
流动资产合计			其他流动负债		
非流动资产：			流动负债合计		
可供出售金融资产			非流动负债：		
持有至到期投资			长期借款		
长期应收款			应付债券		
长期股权投资			长期应付款		
投资性房地产			专项应付款		
固定资产			预计负债		
在建工程			递延所得税负债		
工程物资			其他非流动负债		
固定资产清理			非流动负债合计		
生产性生物资产			负债合计		
油气资产			所有者权益（或股东权益）：		
无形资产			实收资本（或股本）		
开发支出			资本公积		
商誉			减：库存股		
长期待摊费用			盈余公积		
递延所得税资产			未分配利润		
其他非流动资产			所有者权益（或股东权益）合计		
非流动资产合计					
资产总计			负债和所有者权益（或股东权益）总计		

（15）根据总账损益类账户的发生额及上年1月份利润表编制“利润表”（如表10-23所示）。

表10-23　利　润　表

会企02表

编制单位：南华佳丽服装有限公司　　　　年　月　　　　金额单位：元

项目	本期金额	上期金额
一、营业收入		
减：营业成本		
税金及附加		
销售费用		
管理费用		
财务费用		
资产减值损失		
加：公允价值变动收益（损失以“-”号填列）		
投资收益（损失以“-”号填列）		
其中：（对联营企业和合营企业的投资收益）		
二、营业利润（亏损以“-”号填列）		
加：营业外收入		
减：营业外支出		
其中：非流动资产处置损失		
三、利润总额（亏损总额以“-”号填列）		
减：所得税费用		
四、净利润（净亏损以“-”号填列）		
五、每股收益：		
（一）基本每股收益		
（二）稀释每股收益		

（16）根据记账凭证及其所附的原始凭证登记现金日记账（如图10-41所示）、银行存款日记账（如图10-42所示），给出余额，并与总账核对相符。

（17）根据记账凭证及其所附的原始凭证登记材料明细账（如图10-43～图10-46所示）、库存商品明细账（如图10-47和图10-48所示）、生产成本明细账（如图10-49和图10-50所示），给出余额，并与总账核对相符。

（18）根据记账凭证及其所附的原始凭证登记其他相关明细账（略）。